Futsal
&
Futebol

bases metodológicas

Dados Internacionais de Catalogação na Publicação (CIP)
(Câmara Brasileira do Livro, SP, Brasil)

Sales, Ricardo Moura
Futsal & Futebol: bases metodológicas / Ricardo Moura Sales; coordenação editorial: Alexandre F. Machado. – 1ª ed. – São Paulo: Ícone, 2011.

Bibliografia.
ISBN 978-85-274-1179-0

1. Futebol 2. Futebol – Estudo e ensino 3. Futebol de salão 4. Futebol de salão – Estudo e ensino I. Título.

11-05087 CDD-796.33407
-796.334807

Índices para catálogo sistemático:

1. Futebol: Estudo e ensino 796.33407
1. Futsal: Estudo e ensino 796.334807

Ricardo Moura Sales

Futsal & Futebol

bases metodológicas

Coordenação editorial
Alexandre F. Machado

1ª edição
Brasil - 2011

Ícone editora

Design gráfico, capa e miolo
Richard Veiga

Revisão
Juliana Biggi

ÍCONE EDITORA LTDA.
Rua Anhanguera, 56 – Barra Funda
CEP: 01135-000 – São Paulo/SP
Fone/Fax.: (11) 3392-7771
www.iconeeditora.com.br
iconevendas@iconeeditora.com.br

Folha de aprovação

A presente obra foi aprovada e sua publicação recomendada pelo conselho editorial na forma atual.

Dedicatória

Por ser muito especial, este livro foi dedicado a pessoas que, em situações distintas, fizeram em suas relações comigo e com o mundo do futebol momentos que marcaram profundamente minha vida:

1. O início do jogo...

Dedico este livro ao meu irmão Renato, que me ensinou a "gostar e viver" o futebol, transformando minha vida em um período doce e romântico: as idas ao Morumbi nos domingos para ver o Peixe jogar. Eram duas conduções de ônibus para ir e duas para voltar, uma de São Bernardo do Campo até o Parque D. Pedro, onde caminhávamos até o Vale do Anhangabaú para pegar o outro ônibus até o estádio. Isto tudo sem violência, só gozações e brincadeiras entre os torcedores rivais.

O melhor era o que me aguardava na volta, com vitória ou derrota: o pastel, a esfiha e o caldo de cana na pastelaria do Parque D. Pedro... bons e inesquecíveis tempos.

Com o meu irmão, além do futebol no estádio havia também os jogos de futebol de botão, em que disputamos "acirradas" partidas, com o tempo sendo marcado por um relógio "despertador" colocado estrategicamente ao lado do campo "Estrelão", presente de meu pai no Natal de 1974. Esses fatos foram determinantes para que eu sonhasse, como todo garoto, em ser jogador de futebol, o que obviamente não aconteceu, assim como ocorre com a maioria dos garotos que tem esse sonho, mas que não me afastou jamais desse maravilhoso esporte, fazendo com que, assim como meu irmão fez comigo, eu fizesse com meus dois "meninos" Fernando e Vitor, aos quais dedico este livro com o mesmo amor com os quais brinquei e continuo brincando de jogar bola e de jogar futebol de botão no mesmo "Estrelão".

Hoje percebo que aprendi com meu irmão não apenas a gostar de futebol, mas também a ser uma pessoa melhor.

Um abraço e um beijo a você "Barba", meu querido e saudoso irmão!

2. O futebol feminino...

Em casa onde predomina o esporte e, principalmente o futebol, dedico este livro às minhas "duas torcedoras uniformizadas": Vanessa, companheira para "os jogos diários" e para quem o placar adverso nunca é motivo de desânimo, e Lara, a pequenina e linda "mascote" de minha "equipe de filhos", que com sua alegria a todos contagia.

Dedico também a outras "mulheres guerreiras" que fazem parte da minha vida: Marília, Márcia e Maria Lúcia, queridas e inseparáveis irmãs, que superaram todas as dificuldades que "o jogo da vida" impôs e Regina Maura, amiga para todas as horas que mudou até o "time do coração" ao ver meu amor pelo Peixe.

3. A torcida...

Dedico este livro com o maior carinho, respeito e admiração aos meus queridos alunos da UNIBAN, que perguntam, discutem, estudam e jogam futebol durante nossas aulas teóricas e práticas. Os questionamentos elaborados e as reflexões realizadas junto a todos vocês aguçaram minha inspiração, guiando teclado e caneta, culminando neste livro.

Agradecimentos

Posso dizer que este livro não seria escrito sem a participação de amigos e companheiros que formam o "time de professores de futebol da UNIBAN", com os quais no convívio de todos esses anos aprendo a cada dia um pouquinho mais.

Alípio Rodrigues Pines

Robson Zimerman

Fernando Morales

Thiago Ovigli

A todos vocês meu muito obrigado!

Prefácio

Sinto-me honrado em prefaciar o presente livro. Em um país onde o Futebol é mais valorizado do que a leitura, escrever mais um livro sobre o assunto seria desnecessário. No entanto, o Prof. Ricardo, grande amigo que conheci nos tempos de pós-graduação e, posteriormente, convivendo como colega de Universidade Bandeirante de São Paulo – UNIBAN, na qual é professor de diversas disciplinas que domina com maestria e dedicação, conseguiu apresentar um livro diferenciado sobre o tema. Ao aliar sua competência profissional ao compromisso de educar os alunos, conseguiu abordar o futebol e o futsal de forma inovadora e inédita.

Partindo de perguntas de seus alunos, procurou respondê-las neste livro de forma clara e objetiva, tornando-o fundamental para os futuros professores e técnicos.

Demonstrar a importância do trabalho integrado entre Futsal e Futebol, apresentar os valores educacionais do esporte, a questão do gênero também são diferenciais, principalmente pela carência de estudos sobre a importância da mulher e do futebol feminino.

O resgate histórico do Futebol e da origem do Futsal, apresentado de forma simples e de fácil leitura e compreensão, facilitam o entendimento do crescimento dessas modalidades no Brasil. Já a discussão sobre a importância dos Mega-Eventos no país e seus legados é mais uma novidade nos livros voltados para este segmento. A cultura dos "boleiros" profissionais, discutida e comparada com a necessidade da postura pedagógica necessária para os professores, além das questões sobre futsal praticado nas escolas e na iniciação esportiva, apresentando documentos filosóficos e legais, demonstram mais uma vez a importância do futebol e futsal como instrumentos educacionais para o desenvolvimento e cultura esportiva dos jovens. A comunicação no futebol e futsal é outro tema inovador apresentado.

Enfim, um livro primoroso, inovador e fundamental em todas as bibliografias de futebol e futsal.

Parabéns Ricardo, pela sua competência e dedicação!

Prof. Ms. Georgios Stylianos Hatzidakis

Presidente do Instituto de Educação Desportiva da UNIBAN

O autor

RICARDO MOURA SALES

- Possui mestrado em Educação, Administração e Comunicação pela Universidade São Marcos (2005).
- Coordenador de Educação Física e Esportes – Unidade Jardim Pueri Domus – Santo André, de 2002 a 2009.
- Coordenador de Educação Física e Esportes – Colégio Arbos – Santo André, de 1992 a 2001.
- Nas escolas, desenvolveu projetos relacionados a "Qualidade de vida", "Iniciação esportiva" e "Esporte solidário". Possui vasta experiência em dirigir professores e monitores de Educação Física, e na estruturação de departamento de Esportes, Educação Física e Eventos.
- Desde 2007 é professor titular da cadeira de Futebol, Metodologia e Desenvolvimento e Aprendizagem Motora na Universidade Bandeirantes de São Paulo, assumindo em 2010 as disciplinas de Psicologia da Educação, Estrutura e Funcionamento da Educação Básica e Fundamentos da Educação.

Sumário

Capítulo 7

Capítulo 8

Introdução

Qual a razão para se escrever um livro novo de futsal no país do futebol?

Durante muitos anos me questionei a esse respeito, apaixonado pelo esporte desde criança quando junto com minha turma nos divertíamos jogando futebol na rua e nos campinhos esburacados em São Bernardo do Campo. Mais tarde, cursando a faculdade de Educação Física e, ao me formar, trabalhando com crianças e jovens em escolas e posteriormente na universidade, logo abandonava o projeto ao verificar que grandes professores, ex-atletas, técnicos e renomados jornalistas esportivos já haviam explorado o assunto nas mais variadas formas, por meio de livros, artigos e *sites* na internet, a maioria com competência e sabedoria.

Continuava então a fazer o que mais gosto, trabalhar com a coordenação de Educação Física e Esportes em escolas e ministrar aulas para alunos na graduação em Licenciatura em Educação Física no ensino superior, transmitindo e recebendo conhecimentos e informações a respeito de futebol e futsal com alunos e professores.

E as perguntas dos alunos na universidade, cada vez em maior quantidade, continuavam a chegar, principalmente agora que o Brasil se prepara para organizar a 20ª Copa do Mundo de Futebol – Brasil 2014:

- Professor, é correto o país gastar tanto para organizar uma Copa do Mundo de Futebol?
- Por que o futsal não faz parte do Programa Olímpico?
- Professor, com que idade é aconselhável o início da prática do futebol?
- Atualmente em que local é iniciada a prática do futebol?
- Professor, como lidar com a discriminação que ocorre no futebol e no futsal em relação às meninas?
- Como conciliar inclusão com competição?
- Professor, como fazer para que os alunos joguem futsal na escola, respeitando-se e aproveitando o momento para divertirem-se ao invés de desentendimentos e conflitos?
- Professor, professor... e as perguntas não param.

Segundo o autor Erik Erikson e sua teoria psicossocial centrada na influência da sociedade sobre o desenvolvimento do ser humano, encontro-me no período denominado entre a "Produtividade *versus* Autoabsorção", etapa esta para todos aqueles que se encontram na idade adulta, entre os 20 e 60 anos, ou seja "O adulto maduro, ao atingir a produtividade, está interessado em ajudar os outros, especialmente os mais jovens que já levam vida produtiva", talvez e também por isso, além do ofício da profissão, pacientemente, pois além do conhecimento, é necessária muita paciência, lá vamos nós, professores, responder para os alunos questão por questão, procurando sanar algumas delas, e semeando outras em seu lugar.

Uma dica para todos que desejam atuar ou já atuam na educação: O professor deve sempre ajudar a resolver um problema, sanar uma dúvida, mas em seu lugar deve deixar outra dúvida na cabeça do aluno, este é o melhor caminho para a aprendizagem e o desenvolvimento: a dúvida. É como se fosse uma troca: "Uma resposta, por uma nova dúvida".

Lembre-se de Piaget e a base de sua teoria sobre o desenvolvimento da cognição, a "equilibração":

> *A noção de equilíbrio é o alicerce da teoria de Piaget. Para este autor, todo organismo vivo – quer seja uma ameba, um animal, uma criança – procura manter um estado de equilíbrio ou de adaptação com seu meio, agindo de forma a superar perturbações na relação que ele estabelece com o meio. O processo dinâmico e constante do organismo buscar um novo e superior estado de equilíbrio é denominado processo de equilibração majorante.*
>
> *Para Piaget, o desenvolvimento cognitivo do indivíduo ocorre através de constantes desequilíbrios e equilibrações. O aparecimento de uma nova possibilidade orgânica no indivíduo ou a mudança de alguma característica do meio ambiente, por mínima que seja, provoca a ruptura do estado de repouso – da harmonia, entre organismo e meio – causando um desequilíbrio.* (DAVIS e OLIVEIRA, 1994)

Até que uma dessas perguntas, que só alunos ou filhos são capazes de fazer, foi direta, não como o famoso chute na canela, tão adorado e praticado pelos ingleses até 1863, quando mudanças nas regras eliminaram esta maneira de obstruir uma jogada causando uma ruptura entre o rúgbi e o futebol praticado nas escolas inglesas. A pergunta soou como um gol do nosso time do coração, quando nunca estamos satisfeitos e sempre queremos mais um:

Professor, por que o senhor não escreve um livro com tudo isso que nos transmite? Essa relação feita entre o futebol e o futsal? Não são apenas os conhecimentos, pois estes estão em vários livros já escritos, mas a maneira, a relação que é feita entre jogadores famosos, situações do futebol com o contexto do futsal e, principalmente, concentrar todas essas informações num único livro.

Essa pergunta me deixou em dúvida e com aquele gostinho de "querer mais um" e a resposta está aqui, neste livro, mais um livro que fala sobre futebol e futsal, mas com uma diferença, trata do assunto não separado, mas junto, interagindo um com o outro, uma dialética entre o futebol e o futsal, procurando discutir como um influenciou e influencia o outro, relacionando fatos e personagens do futebol com situações do futsal, nada mais justo, já que o futsal seria, por assim dizer, "filho do futebol".

Neste livro faremos uma abordagem sobre o futsal na escola, com o apoio de temas do futebol, para que o leitor reflita e responda algumas questões, mas, ao mesmo tempo, semeando outras dúvidas na sua cabeça.

O capítulo 1 trata do "Histórico do futsal e sua relação com o futebol", como se não bastasse a rivalidade, que já foi maior, entre Brasil e Uruguai dentro das quatro linhas, também há uma disputa entre brasileiros e uruguaios para ver quem fica com a "paternidade" do futsal. A personagem do futebol destacada é o "carrasco", pelo menos para nós brasileiros, Gigghia, jogador uruguaio que calou o Maracanã na Copa de 1950. Entendendo o histórico do futebol no mundo e no Brasil, quem sabe cheguemos a alguma conclusão sobre a origem do futsal.

No capítulo 2, "Manifestações sociais e culturais do futebol no Brasil", abordaremos dois assuntos, Copa do Mundo e Olimpíadas, que pela sua grandiosidade misturam esporte, política, economia, cultura e suas relações com a sociedade. Algo que Pelé e Sócrates, ex-jogadores da seleção brasileira, e Osmar Santos, ex-narrador de futebol, fizeram durante suas vitoriosas trajetórias no futebol.

O capítulo 3 fará uma analogia entre as atitudes de jogadores profissionais, a conduta de professores de Educação Física e de técnicos desportivos com os documentos sobre os esportes:

O futsal praticado nas escolas e nos clubes, suas diferenças em relação aos princípios pedagógicos e metodológicos aplicados, resultando em práticas distintas. Sob a luz de documentos importantes tais como a Constituição, o Código de Ética de Educação Física, a Carta dos Direitos da Criança no Esporte e a Carta *Fair Play*, realizaremos uma análise do comportamento do praticante, do professor e do próprio jogo.

Discutiremos no capítulo 4 a relação entre a saída de jogadores brasileiros para o exterior e o futsal praticado nas escolas tendo como base os PCNs; a escola, atualmente considerada como um dos locais em que ocorre o início da prática do futebol. Questões pertinentes à educação e, a princípio, conflitantes, tais como conciliar temas como inclusão, cidadania e discriminação junto com a competição.

A "máfia do apito" e o Torneio de futsal na escola serão analisados no capítulo 5, quando discutiremos todos os detalhes para o sucesso de um torneio de futsal dentro da escola. Neste capítulo faremos uma relação entre o professor como mediador na construção do ser social e o torneio de futsal escolar utilizado como importante instrumento pedagógico para auxiliar na formação do aluno.

No capítulo 6, verificaremos em que Ronaldinho Gaúcho, Robinho e Neymar são semelhantes, a maneira como jogam futebol com os fundamentos técnicos do futsal, principalmente em seus dribles.

Se nos dias de hoje muitos goleiros ainda são os únicos responsáveis pela derrota de sua equipe, imagine 50, 60 anos atrás, quando inclusive a perda de uma Copa, em 1950, foi creditada ao goleiro Barbosa. No capítulo 7 trataremos dos fundamentos técnicos do goleiro de futsal, relacionando personagens importantes como Barbosa, Leão e Rogério Ceni, entre outros, discorrendo sobre as mudanças no conceito do goleiro ao longo dos anos.

O capítulo 8 procura desvendar os segredos das movimentações táticas, de forma simples e didática, discutindo sobre a importância da técnica e da tática nos resultados dos jogos. Mostrando as posições e os posicionamentos adotados quando da posse da bola e sem a posse da bola.

A iniciação esportiva e a especialização precoce serão abordadas no capítulo 9, onde uma série de jogos adaptados e atividades lúdicas compõem uma gama de exercícios a serem utilizados por todos que iniciam ou já trabalham com futsal ou futebol.

Quem nunca utilizou um termo do futebol no seu dia a dia? As expressões e as gírias largamente utilizadas por todos estão no capítulo 10 – Comunicação no futebol. Mas não apenas isso, a comunicação característica realizada dentro e fora do campo de jogo é abordada para melhor entendimento do jogo.

Finalizamos nos capítulos 11 e 12 com as mulheres no "mundo do futebol e do futsal", uma história de conquistas muito mais do que esportivas, também sociais, econômicas e culturais. Uma comparação entre o apoio recebido pelas mulheres na prática do futebol e do futsal.

Esperamos com este livro contribuir para uma troca de conhecimentos, de maneira descontraída e atualizada, sanando algumas dúvidas, respondendo algumas questões e deixando em troca outras dúvidas na cabeça de cada leitor.

Boa leitura!

1 Charles Müller e Alcides Gighia: O cenário do futebol mundial e sua relação com o histórico do futsal

1.1. O CENÁRIO DO FUTEBOL MUNDIAL

O futebol, assim qual o conhecemos, teve sua origem na Inglaterra, mas há relatos de diversos jogos de bola anteriores ao futebol atual. Os chineses, há mais de 2.500 anos a.C., já praticavam jogos com os pés, chamado de *tsu-chu*, que significa "golpear a bola com os pés". Adotado a princípio para o treinamento militar, passou depois para diversão do povo, e sua prática restringia-se em lançar a bola por sobre um fio de seda preso a dois bastões fincados ao solo. Os pontos eram obtidos sempre que a bola ultrapassava por sobre o cordão.

Como uma variação do jogo chinês, os japoneses praticavam o *kemari*. Neste jogo não havia competição, oito jogadores trocavam passes em um quadrado de 14 metros de lado. O objetivo era não deixar a bola cair. Primeiramente foi praticado pela aristocracia japonesa, sendo depois popularizado.

Os gregos tinham sua versão, denominada *epyskiros*, praticado com qualquer número de jogadores, com as metas colocadas ao fundo de cada lado do campo. O objetivo era fazer a bola passar pela linha de meta adversária.

Em contato com os romanos, o jogo grego transformou-se em *harpastum*. Havia uma organização da equipe com jogadores de ataque, intermediária e defesa. Voltado para o treinamento militar, a bola tinha que passar o limite do campo adversário por meio do emprego da força.

Na Idade Média, na Bretanha e França, o *haspartum* transformou-se no *soule*. Jogo praticado por número indeterminado de jogadores, podendo ser até toda a comunidade, tinha como objetivo levar a bola até o local determinado como ponto final. Neste jogo valia de tudo, socos, chutes, agarrões, enfim, a violência contribuiu para sua proibição.

Menos violento que o *soule*, mas disputado com o mesmo entusiasmo, surgiu o *cálcio italiano.* Vinte e sete jogadores de cada equipe disputavam o jogo que tinha como objetivo levar a bola à meta adversária: dois postes de cada lado denominada "caccia".

Havia o árbitro, que ficava sobre um cavalo para aplicar as regras.

Após ser proibido, o *soule* retornou à Inglaterra com algumas regras para evitar a violência. Assim, no final do século XVII, estudantes das escolas situadas em Rugby e em Eton enfrentavam-se.

Enfim, em 1863, foram estabelecidas as regras que limitaram o uso das mãos e o contato físico, diferenciando o *rugby* e dando origem assim ao futebol.

Quando Charles Müller, em 1894, vindo da Inglaterra, trouxe uma bola, os uniformes e as primeiras regras do futebol, não imaginava também trazer na bagagem o que se tornaria, em breve, a maior paixão de um povo. Inicialmente praticado apenas pela elite da sociedade, em clubes fechados e de acesso para poucos, o futebol em pouco tempo superou o remo, tornando-se o esporte mais praticado e apreciado por todos, ricos, pobres, brancos, negros, homens e mulheres. Colocando em ordem: primeiro os brancos e ricos; depois os pobres e negros; e por último as mulheres.

Vimos que Charles Müller trouxe na bagagem a bola, as regras e a paixão de um povo, mas lá no fundo, bem escondidinho, também havia algo mais, mas isso é uma outra história...

Em 16 de julho de 1950, quando Gighia fez o segundo gol uruguaio, virando o jogo para 2 a 1 na final contra o Brasil, calava o Maracanã e decretava o bicampeonato mundial uruguaio, escrevendo mais um capítulo da até então imbatível equipe Celeste.

Mas o que isso tem a ver com a origem do futsal?, você deve estar se perguntando.

Para responder esta questão, temos que voltar mais alguns anos no tempo, para ser mais exato na década de 20 do século passado.

Enquanto no Brasil os clubes mais tradicionais tinham suas portas, portões, vestiários e arquibancadas fechados aos negros, com equipes sendo compostas apenas pela elite da sociedade, ou seja, os brancos, o Uruguai conquistava o Torneio Olímpico de Futebol em 1924 em Paris, vencendo a final contra a Suíça por 3 a 1, e sagrava-se bicampeão olímpico quatro anos depois, em Amsterdã em 1928, vencendo na final a Argentina por 2 a 1.

A multidão em festa comemorava nas ruas de Montevidéu.

E o Brasil nesses dois torneios? Nossa seleção, que ainda não era a famosa "canarinho", não participou nesses dois torneios olímpicos. O Brasil fez sua estreia apenas em 1952, nas Olimpíadas de Helsinque, na Finlândia, quando foi eliminado nas quartas de finais pela Alemanha.

Nas ruas do Brasil ainda não havia festa devido aos resultados do futebol.

Na década de 30, para ser mais exato em 1930, a FIFA organizou a 1ª Copa do Mundo de Futebol. O local escolhido? O Uruguai. O torneio foi disputado por treze países, com o Uruguai tornando-se campeão após derrotar a Argentina por 4 a 2 na final.

Mais uma vez o povo portenho saía às ruas para comemorar o triunfo do terceiro título internacional em apenas seis anos.

Não restavam dúvidas, no Uruguai praticava-se o melhor futebol do mundo e seu povo era o mais empolgado com o esporte.

O Brasil disputou nesta Copa apenas dois jogos, uma vitória sobre a Bolívia por 4 a 0 e uma derrota para a Iugoslávia por 2 a 1, sendo desclassificado ainda na primeira fase.

A equipe foi composta por jogadores cariocas e apenas um paulista.

Continuávamos sem sair às ruas para comemorar triunfos da seleção.

O Uruguai também foi o maior vencedor da Copa América na década de 20 e 30, conquistando os títulos de 1916, 1917, 1920, 1923, 1924, 1926, 1935, com o Brasil sagrando-se campeão apenas duas vezes, 1919 e 1922.

Além da bola, dos uniformes e das regras de futebol, da paixão que este esporte tornou-se para o povo brasileiro, o que mais havia escondido na bagagem de Charles Müller? O último mistério está para ser desvendado...

1.2. O FUTEBOL DE SALÃO É DE ORIGEM BRASILEIRA OU URUGUAIA?

Neste cenário começa a história do futebol de salão, ou melhor, a polêmica entre Brasil e Uruguai, uma disputa fora "das quatro linhas" para saber qual o país "inventor do futebol de salão".

A história vai continuar, mas se caso parasse aqui, a qual país você creditaria a invenção desse esporte? Qual povo estava mais motivado para sua prática? Isso porque não comparamos as condições climáticas e o tamanho de cada país, o que também favoreceria o Uruguai na questão de procurar um local menor e fechado para "jogar bola".

Polêmicas à parte, um fato é certo: na década de 30 surge o futebol de salão.

1.2.1. O FUTEBOL DE SALÃO DE ORIGEM URUGUAIA

Há autores que defendem que o Futebol de Salão surgiu no Uruguai com as primeiras regras redigidas em 1933, pelo Prof. Juan Carlos Ceriani. Essas primeiras regras foram fundamentadas no futebol – a essência do jogo; no basquete – o tempo de jogo; no *handebol* – a validade do gol; e no polo aquático – a ação do goleiro.

Realizou-se um curso na ACM de Montevidéu, com a presença de representantes das ACMs de toda a América Latina, entre eles alguns brasileiros (João Lotufo, Asdrúbal Monteiro, José Rothier), onde cópias das regras foram distribuídas e, posteriormente, trazidas e divulgadas no Brasil.

1.2.2. O FUTEBOL DE SALÃO DE ORIGEM BRASILEIRA

Luiz Gonzaga Fernandes defende que o Futebol de Salão surgiu no Brasil, no final de 1930, na ACM (SP), a partir de organização e uniformização das regras. O esporte era praticado por jovens a título de recreação. Admite, entretanto, que se jogava futebol em quadra também no Uruguai, mas que não passava de "autêntica pelada".

Após exposição de fatos e atores envolvidos com o futebol e a origem do futebol de salão, tire você suas conclusões.

A quem cabe o crédito pela invenção desse esporte?

E responda também: O que mais Charles Müller trouxera na sua bagagem que ninguém, naquele momento, conseguira ver?

A história é importante para entendermos melhor o presente e planejarmos o futuro.

Em relação ao passado... bem que aquela bola chutada por Gighia aos trinta e quatro minutos do segundo tempo poderia não ter entrado, já que o empate de 1 a 1 daria ao Brasil nosso primeiro título mundial em 1950.

2 Manifestações sociais e culturais do futebol no Brasil e as implicações no futsal

2.1. PELÉ E A COPA DO MUNDO NO BRASIL? CERTO OU ERRADO?

2.1.1. COPA DO MUNDO NO BRASIL? CLARO QUE NÃO!

O Brasil é um país com dificuldades em vários setores, entre outros, nos meios de transportes, sistema habitacional, saúde e segurança pública, distribuição de renda, corrupção e educação. É certo preocupar-se com a organização de uma Copa? Qual o custo de uma Copa do Mundo? Devemos investir recursos no esporte, sabendo das dificuldades existentes em áreas essenciais para a população? Quem arcará com os custos: O poder público ou o poder privado? Quais os benefícios que "ficarão" para o país após o torneio? O que poderia ser feito em outras áreas com o valor empregado na organização de uma Copa do Mundo de Futebol?

São perguntas como essas que fazem com que muitas vozes sejam levantadas para dizer "NÃO" à realização da Copa no Brasil.

Vamos responder algumas questões analisando os números:

Segundo os cálculos preliminares da CBF, o Brasil vai precisar gastar R$ 11 bilhões para se preparar para a Copa de 2014.

A seguir, apresentamos a estimativa de gastos para o torneio.

R$ 8,5 bi
ONDE: Infraestrutura.
QUEM GASTA: Governo.
Investimento para a infraestrutura das cidades-sede. Segundo a FIFA, quatro candidatas precisam aumentar seu aeroporto e 6 não têm transporte público estruturado para receber adequadamente os jogos.

R$ 2 bi
ONDE: Reforma e construção de estádios.
QUEM GASTA: Iniciativa privada.
A aposta é que os governos locais busquem capital privado para fazer decolar os projetos. Em troca, os empresários teriam o direito de administrar os estádios por no mínimo 20 anos, para, em tese, obter lucro.

R$ 700 mi
ONDE: Instalações oficiais.
QUEM GASTA: FIFA.
Este é o único dinheiro garantido. A FIFA afirma que ela mesma vai bancar a construção de estruturas de apoio para os jogos, da sede do comitê organizador, dos centros de mídia e das centrais de segurança.
Aqui, imaginamos um plano alternativo para aplicar o valor a ser gasto com a organização da Copa:

R$ 2,1 bi
ONDE: Expansão do saneamento.
PARA: Levar água tratada a 2,2 milhões de casas e coleta de lixo a 2,1 milhões – cerca de 20% do déficit de saneamento.

R$ 2,8 bi
ONDE: Crédito para casas populares.
PARA: Financiar a construção ou compra de 480 mil casas populares – 6% do déficit habitacional.

R$ 2,8 bi

ONDE: Universalização da eletricidade.

PARA: Levar luz a 1,6 milhão de pessoas no campo – 13% da população sem acesso à energia.

R$ 1,4 bi

ONDE: Combate ao analfabetismo.

PARA: Ensinar 600 mil jovens e adultos a ler e escrever – o que representa 4% a menos de analfabetos no país.

R$ 1,4 bi

ONDE: Bolsa Família.

PARA: Custear o programa por um ano para 1,8 milhão de famílias, que receberiam um auxílio mensal de R$ 62.

R$ 700 mi

ONDE: Saúde da Família.

PARA: Levar o programa Saúde da Família a mais 2 milhões de pessoas – superaria a população de Curitiba ou Recife.

***Fontes:** Revista Superinteressante 02/2008, Orçamento Copa 2014 (conversão a partir do valor estimado em dólares), CBF, FIFA. Orçamento alternativo: números recentes dos ministérios do governo federal, IBGE, *site* Contas Abertas, Agência Brasil, FGV.

2.1.2. COPA DO MUNDO NO BRASIL? CLARO QUE SIM!

Imagine a seguinte situação:

Extraterrestres "amigos", não esses monstros que nos atacam e querem nos exterminar nas telas de cinema, chegam à Terra, contratados que foram, para organizar a 20ª Copa do Mundo de Futebol em 2014. Aqui chegando, sua primeira função é escolher o país sede, e para isso pedem um relatório sobre todos os países candidatos para organizar o torneio. Conversando entre si vão analisando um a um, até chegar no seguinte relatório:

Neste país o futebol é uma das culturas que mais identifica sua sociedade em todo o mundo, dando-lhes confiança e elevando a autoestima. Seus habitantes são conhecidos e reconhecidos pela sua capacidade em jogar futebol, seus jogadores são cobiçados e espalham-se por todos os cantos do planeta correndo atrás da bola.

Vários outros países contam com seus atletas em seus clubes, alguns sendo até naturalizados para poderem disputar torneios internacionais por suas seleções, incluindo-se a Copa do Mundo da FIFA, num claro reconhecimento de sua competência.

O povo deste país "respira" e "come" futebol, todos possuem um time do coração, às vezes até dois. Nos períodos de "Copa" o país inteiro fica pintado com suas cores, bandeiras tremulam ao vento nos carros e janelas residenciais. Quando sua seleção joga, o comércio e as escolas fecham, crianças, jovens e adultos jogam futebol nos campos, nas quadras, nas praias, nas ruas, em qualquer espaço que caiba uma bola tem alguém correndo atrás dela...

A leitura é interrompida quando, com tristeza, o relator constata que não há o nome desse país. O desânimo é geral, pois todos ali estavam certos de que haviam finalmente encontrado o país ideal para sediar e organizar a 20ª Copa do Mundo de Futebol a ser realizada em 2014. O relator então fala:

Bem, mesmo assim vou ler o último parágrafo:

"Este país possui o maior número de títulos conquistados em Copas do Mundo de Futebol já disputadas e possui o maior jogador de todos os tempos. Todos dizem que nunca mais haverá outro igual, alguns até o consideram um extraterrestre!"

Aos gritos, o relator é interrompido por um dos seus:

— JÁ SEI, JÁ SEI QUE PAÍS É ESTE!!! – Exclama um dos ETs!

— Não foi no Brasil que deixamos o menino Pelé, um dos nossos enviados à Terra há alguns anos?

Pois bem, se esta historinha com todos esses argumentos fosse verdadeira, não seria mais do que suficiente para que qualquer outro país organizasse uma Copa do Mundo de Futebol?

Os que dizem "SIM" à realização da Copa no Brasil também levam em consideração outros fatores, conforme publicado na Revista *Superinteressante*, 02/2008:

> *É preciso considerar outros itens para medir o retorno de uma Copa, como o gasto dos turistas. Pelas contas do governo, a Copa deve atrair 500 mil estrangeiros, que gastariam até R$ 3 bilhões. Além disso, se a competição gerar tantos postos de trabalho quanto a Alemanha gerou em 2006 (25 mil novas vagas), dá para computar mais R$ 500 milhões em investimentos, já que o custo médio por novo emprego está na casa dos R$ 20 mil. Há ainda quem identifique uma expansão da economia dos países sede.*
>
> *Mas isso não é consenso. "Crescimento econômico é algo difícil de prever com tanta antecedência. No fim das contas, a alta do PIB pode ficar próxima de zero", afirma o economista Fábio Sá Earp, da UFRJ. A esperança são os benefícios de longo prazo, mais difíceis de medir. Um estádio novo, por exemplo, pode gerar um circulo virtuoso no bairro, bombando o comércio e elevando a arrecadação para fazer mais obras. Sem contar que o torneio pode aumentar o fluxo turístico e melhorar a imagem do país. Se tudo isso acontecer, aí, sim, quem sabe em algumas décadas a gente poderá dizer que sediar uma Copa é um bom negócio.*

Também pode-se argumentar que do valor de R$11 bilhões gasto para a organização da Copa, cerca de R$8,5 bilhões serão gastos na infraestrutura das cidades sedes, em benefícios que ficarão para posterior uso da sociedade.

2.2. SÓCRATES, OSMAR SANTOS E POR QUE O FUTSAL NÃO É DISPUTADO NAS OLIMPÍADAS?

Todas as sociedades são organizadas em sistemas, as pessoas transformam e são transformadas de acordo com o ambiente e culturas com as quais interagem. Os vários sistemas existentes, políticos, econômicos, educacionais, somados às diversas áreas de conhecimento, entre as quais as ciências, a filosofia, a religião e a arte, acabam por caracterizar as variadas culturas existentes, o que diferencia um povo do outro.

O futebol como a maior cultura esportiva mundial não passaria incólume no processo de interação entre todos os sistemas e áreas de conhecimento, e por consequência o futsal, que teve sua concepção a partir do futebol, também sofre influências.

As mais variadas manifestações sociais e políticas já foram expressas durante os jogos olímpicos, contrariando os princípios do Barão de Coubertin, quando em 1896 fez ressurgir os Jogos Olímpicos da "era moderna".

Hitler já havia tentado utilizar os Jogos para demonstrar a superioridade da raça ariana em Berlim, 1936; países boicotaram a participação nos Jogos durante o período da "guerra fria" entre países do Oriente e do Ocidente, na década de 70 e 80; atentado contra a delegação de Israel na Olimpíada de Munique, em 1972; isto só para citar alguns casos de interferência política, econômica e social nos Jogos.

E o futsal nas Olimpíadas, o que tem a ver com isso?

Na década de 80 um grupo de jogadores e esportistas liderados pelo "Dr. Sócrates", grande craque da seleção brasileira que disputou as Copas de 82 na Espanha e de 86 no México, e por Osmar Santos, jornalista e narrador de destaque da época, juntou-se a artistas, políticos e a sociedade como um todo, pedindo o fim da ditadura militar, a promulgação da anistia política geral e irrestrita para a volta ao país dos exilados políticos e a eleição pelo voto popular e direto para a presidência da República, em um movimento denominado "DIRETAS JÁ".

> *São-paulinos, palmeirenses, santistas, corintianos, além de gremistas, flamenguistas e cruzeirenses, eram, naquele instante e acima de tudo, brasileiros. Antes de erguer as bandeiras dos clubes do coração, levantaram a bandeira das Diretas já, a bandeira da democracia. O Brasil queria escolher seus representantes, ter o direito de escolha e da igualdade perante a lei.* (SAPESP, 2007)

Neste mesmo período ocorrem os primeiros campeonatos mundiais de futebol de salão sob a organização da FIFUSA:

- Primeiro campeonato mundial em SP – 1982, Brasil campeão.
- Segundo campeonato mundial em Madrid – 1985, Brasil campeão.
- Terceiro campeonato mundial na Austrália – 1988, Paraguai campeão. Este foi o último mundial sob o comando da FIFUSA.

Começava no final da década de 80 uma "briga" política entre FIFUSA E FIFA pela organização e administração do futebol de salão.

O primeiro campeonato mundial organizado pela FIFA foi realizado em 1989 na Holanda, com o Brasil sagrando-se campeão. A partir da década de 90, o futebol de salão passou a ser denominado de futsal pela FIFA.

Esse desentendimento estendeu-se entre a FIFA e o COI, onde interesses políticos e, principalmente, econômicos sobrepujam os interesses esportivos. O COI não inclui o futsal nas Olimpíadas enquanto a FIFA não liberar todos os jogadores de futebol, independente da idade, para a participação nas Olimpíadas.

Uma "briga" que está longe de terminar, que precisaria de personagens com a visão do craque Sócrates que sempre defendeu as ideias nas quais prevalecesse o interesse da maioria, da sociedade, do povo, e não de uma minoria interessada muitas vezes em questões que nada tem a ver com os interesses e ideais do esporte. Como na Copa do mundo de 1986, em que a cada partida da seleção brasileira o craque entrava com uma faixa na cabeça expondo suas preocupações sociopolíticas, tais como a fome, as guerras, o racismo e, inclusive, o apoio às pessoas que sofriam com o terremoto que assolou o país sede da Copa, pouco antes da realização do evento esportivo.

Se o craque Sócrates pedisse para que Osmar Santos narrasse este lance, com certeza o "pai da matéria" gritaria com a eloquência que caracterizava suas narrações:

"— FUTSAL NAS OLIMPÍADAS JÁ."

3 Analogia do futsal praticado nas escolas e nos clubes

3.1. A RELAÇÃO EXISTENTE ENTRE AS ATITUDES DE JOGADORES E TÉCNICOS PROFISSIONAIS DO FUTEBOL, A CONDUTA DE PROFESSORES DE EDUCAÇÃO FÍSICA COM OS DOCUMENTOS SOBRE OS ESPORTES: A CARTA *FAIR PLAY*, O CÓDIGO DE ÉTICA DOS PROFISSIONAIS DA EDUCAÇÃO FÍSICA, A CONSTITUIÇÃO DO BRASIL E A CARTA DOS DIREITOS DA CRIANÇA NO ESPORTE

O futsal é praticado em escolas e clubes, possuindo as mesmas regras, sendo disputado com o mesmo entusiasmo por parte do aluno e do atleta e, na maioria das vezes, há um profissional de Educação Física, professor ou técnico, para orientar a atividade.

O mesmo se pode dizer em relação ao futebol, esporte tradicional, com regras que dificilmente são modificadas, mas que, como no futsal, também tem sua compreensão e prática, sendo realizadas de maneiras diferentes, não por escolares, mas por profissionais.

Diante deste cenário, podemos elaborar algumas indagações:

Por que, então, encontramos tantas diferenças na prática do futsal entre crianças e jovens dentro das escolas e dentro dos clubes? Deveria ser diferente, já que os ambientes são diferentes? Qual o papel do profissional de Educação Física nestes ambientes? Quais os fatores que contribuem para que na prática do mesmo esporte os comportamentos sejam tão distintos?

Para começar a responder essas indagações, vamos voltar o olhar para a prática do futebol profissional, e verificar como os atletas compreendem o jogo, agindo de variadas maneiras, em diferentes partes do mundo.

Senão, vejamos:

> *Um lance curioso que aconteceu no futebol holandês e que demonstra muito bem o espírito do* fair play, *o jogo limpo no futebol. Um jogador do time de vermelho e branco (Ajax) havia sofrido uma falta, e estava no chão com dores. Então, como sempre, o time adversário (de amarelo) pôs a bola para fora para que o jogador fosse atendido. Após o atendimento, o jogador do Ajax foi devolver a bola e sem querer acabou fazendo um golaço. Todos, inclusive o que fez o gol, ficaram sem graça, mas o gol foi validado pelo juiz. Ao reiniciar o jogo, no meio de campo, os jogadores do Ajax não se movimentaram, permitindo que o time de amarelo também fizesse um gol.*
>
> *Na Copa do Mundo de Futebol de 2006, disputada na Alemanha, um jogador da seleção brasileira provocou a expulsão do turco Hakan Unsal. Depois de ser atingido nas pernas por uma bolada após um chute desferido pelo adversário, o atleta brasileiro simulou ter sido atingido na face, induzindo a arbitragem ao erro, já que árbitro e auxiliar não viram o lance.*
>
> *O atacante Robbie Fowler do Liverpool – Inglaterra, ao disputar um lance com o goleiro adversário, caiu na*

área sem ser tocado pelo goleiro, que tocou apenas na bola. O árbitro, de forma equivocada, marcou penalidade máxima, sendo avisado pelo atacante que o goleiro do Arsenal não havia tocado nele, tocando apenas na bola. Como não recebeu crédito após a sua atitude repleta de fair play, *o jogador resolveu errar a cobrança e fazer justiça com os próprios pés.*

Os ingleses jamais esquecerão a "Mão de Deus" do argentino que ajudou a eliminá-los nas quartas de final da Copa do Mundo de 1986. O lance aconteceu após a bola ser cruzada na área e ser tocada com a mão do atacante para dentro do gol adversário. O jogador saiu comemorando como se houvesse tocado a bola com a cabeça. O gol foi validado, pois nem árbitro nem auxiliar viram o lance...

Amin Motavassel Zadeh, do Moghavemat Sepasi, no Irã, deu um grande exemplo de fair play. *Num ataque da sua equipe, o goleiro adversário chocou-se com outro jogador e caiu machucado no chão. A bola sobrou para Amin que, com o gol livre, decidiu jogar a bola pela lateral para que o goleiro fosse atendido. Só uma pequena observação: seu time perdeu por 2 a 1!*

Os exemplos citados mostram como a resposta para as questões levantadas não são tão simples quanto parecem.

Principalmente para professores e técnicos de futsal ou futebol que desenvolvem programas de iniciação ou de treinamento com crianças e jovens, a ciência de algumas leis e códigos referentes à Educação Física e aos Esportes torna-se necessária para melhor compreensão do assunto. Entre as principais, podemos citar:

- Constituição do Brasil;
- Código de Ética dos Professores de Educação Física;
- Carta *Fair Play*;
- A Carta dos Direitos da Criança no Esporte.

3.1.1. CONSTITUIÇÃO DO BRASIL

O Brasil, na sua Constituição de 1988, passou a ser um dos vinte primeiros países que introduziram o esporte no seu texto constitucional. De acordo com a Constituição do Brasil, o esporte é dividido de duas maneiras: Esporte de alto rendimento e Esporte educacional, fazendo também uma citação ao "lazer como forma de promoção social".

> *Capítulo III – Da Educação, da Cultura e do Desporto*
> *Seção III – Do Desporto*
>
> *Art. 217. É dever do Estado fomentar práticas desportivas formais e não formais, como direito de cada um, observados:*
> *I – a autonomia das entidades desportivas dirigentes e associações, quanto a sua organização e funcionamento;*
> *II – a destinação de recursos públicos para a promoção prioritária do desporto educacional e, em casos específicos, para a do desporto de alto rendimento;*
> *III – o tratamento diferenciado para o desporto profissional e o não profissional;*
> *IV – a proteção e o incentivo às manifestações desportivas de criação nacional.*
> *§ 1º – O Poder Judiciário só admitirá ações relativas à disciplina e às competições desportivas após esgotarem-se as instâncias da justiça desportiva, regulada em lei.*
> *§ 2º – A justiça desportiva terá o prazo máximo de sessenta dias, contados da instauração do processo, para proferir decisão final.*
> *§ 3º – O poder público incentivará o lazer, como forma de promoção social.*

Percebemos que a maior diferença entre as áreas destinadas para a promoção e aplicação do esporte (a educação, o rendimento e o lazer) está nos objetivos a serem alcançados. É importante salientar que em muitas oportunidades o mesmo profissional transita pelos três ambientes.

No esporte voltado ao rendimento, o que prevalece são os resultados, o alcance da melhor *performance* técnica, tática, física e psicológica, baseada em treinamentos sistematizados e programados por uma equipe técnica competente.

Já no Esporte para o lazer, que pode ser utilizado como prática ativa ou por meio da apreciação, prevalece a interação, o divertimento e a ocupação do tempo livre, como descreve Cavallari e Zacharias, 2007:

> *O LAZER é o estado de espírito em que o ser humano se coloca, instintivamente (não deliberadamente), dentro de seu tempo livre, em busca do lúdico (diversão, alegria, entretenimento).*

No Esporte voltado para a educação, encontramos como objetivo principal a formação do indivíduo em todas as suas formas de expressão (motor, cognitivo e socioafetivo), propiciando o desenvolvimento da cidadania, da autonomia, do senso crítico e dos valores universais, entre os quais destacamos os seguintes: a Pessoa como um valor em si, a Dignidade Humana, a Liberdade, a Igualdade e a Fraternidade (Declaração Universal dos Direitos do Homem, aprovada pela ONU, em 1948).

Há como não poderia deixar de ser em um mundo em que o sistema que prevalece é o econômico sobre os demais, uma interação entre as três formas de manifestações do esporte:

> *É o esporte de alto rendimento que, em linhas gerais, ainda fornece o modelo de atividade para grande do esporte enquanto atividade de lazer, como também recruta, cada vez menos, é verdade, parte de seu contingente de praticantes (trabalhadores) nesta manifestação e no esporte escolar, esta propiciando, ainda, a socialização para o consumo do esporte.* (BRACHT, 2003)

3.1.2. CARTA DO *FAIR PLAY*

Em 1971, o Comitê Francês de *Fair Play* publica um documento no qual estão descritas algumas ações no esporte, que envolviam comportamentos pautados no espírito do *Fair Play*. Este documento tem grande repercussão, tendo sido reconhecido tanto pelo Conselho Internacional de Esporte e Educação Física (ICSPE) como pela UNESCO como uma produção de relevância para o Movimento do *Fair Play*. Em seguida o Comitê Internacional de *Fair Play*, o Comitê Olímpico Internacional, o ICSPE e outros organismos internacionais criam uma comissão de especialistas de vários países para preparar um documento sobre o *Fair Play*, o qual foi publicado em 1975. O documento elaborado apresentava as seguintes orientações:

1. O *Fair Play* é demonstrado pelo participante das atividades esportivas, pela observância das regras do esporte;
2. É importante reconhecer que, por trás das regras escritas, estão regras implícitas, o espírito ou intenção correta ou leal, nas quais estão envolvidos os competidores esportivos;
3. Os comportamentos segundo o espírito do *Fair Play* serão reconhecidos pelas ações de:
   - Não questionamento das decisões dos árbitros, a não ser que o regulamento do esporte o permita;
   - Jogar para vencer deve ser o primeiro objetivo, porém recusar a vitória por qualquer meio;
   - Honestidade, correção e uma atitude digna quando os outros participantes não jogam de forma justa;
   - Respeito aos colegas da sua própria equipe;
   - Respeito aos adversários e o reconhecimento da sua importância para que a competição se realize;
   - Respeito aos árbitros através da atitude positiva, tentando colaborar com eles a todo momento;

- O *Fair Play* envolve modéstia na vitória e elegância na derrota, assim como generosidade na criação de sinceras e duradouras relações humanas;
- O *Fair Play* não é uma responsabilidade apenas dos competidores. Treinadores, árbitros, espectadores e todas as pessoas envolvidas na competição têm um importante papel no desenvolvimento de atitudes positivas, para, principalmente, envolver os participantes da competição em um comportamento de tolerância (*Internacional Council of Sport and Physical Education*, 1975, p. 2-5).

3.1.3. A CARTA DOS DIREITOS DA CRIANÇA NO ESPORTE

Lançada em 1988 em Genebra e relançada no congresso de Panathlon, em Avignone (1996).

1. Direito de praticar esporte;
2. Direito de se divertir e de jogar;
3. Direito de usufruir de um ambiente sadio;
4. Direito de ser tratado com dignidade;
5. Direito de ser rodeado e treinado por pessoas competentes;
6. Direito de seguir treinamentos apropriados aos ritmos individuais;
7. Direito de competir com jovens que possuem as mesmas possibilidades de sucesso;
8. Direito de participar de competições apropriadas;
9. Direito de praticar o próprio esporte com absoluta confiança;
10. Direito de tempos de repouso;
11. Direito de não ser um campeão.

3.1.4. CÓDIGO DE ÉTICA DOS PROFISSIONAIS DE EDUCAÇÃO FÍSICA

Este Código propõe normatizar a articulação das dimensões técnica e social com a dimensão ética, de forma a garantir, no desempenho do Profissional de Educação Física, a união de conhecimento científico e atitude, referendando a necessidade de um saber e de um saber fazer que venham a efetivar-se como um saber bem e um saber fazer bem.

Assim, o ideal da profissão define-se pela prestação de um atendimento melhor e mais qualificado a um número cada vez maior de pessoas, tendo como referência um conjunto de princípios, normas e valores éticos livremente assumidos, individual e coletivamente, pelos Profissionais de Educação Física.

Do Código de Ética da Educação Física destacamos os seguintes capítulos:

> *CAPÍTULO I*
> *Disposições Gerais*
>
> *Art. 3º – O Sistema CONFEF/CREFs reconhece como Profissional de Educação Física o profissional identificado, conforme as características da atividade que desempenha, pelas seguintes denominações: Professor de Educação Física, Técnico Desportivo, Treinador Esportivo, Preparador Físico,* Personal Trainer, *Técnico de Esportes; Treinador de Esportes; Preparador Físico-corporal; Professor de Educação Corporal; Orientador de Exercícios Corporais; Monitor de Atividades Corporais; Motricista e Cinesiólogo.*
>
> *CAPÍTULO II*
> *Dos Princípios e Diretrizes*
>
> *Art. 4º – O exercício profissional em Educação Física pautar-se-á pelos seguintes princípios:*
> *I – o respeito à vida, à dignidade, à integridade e aos direitos do indivíduo;*

II – a responsabilidade social;

III – a ausência de discriminação ou preconceito de qualquer natureza;

IV – o respeito à ética nas diversas atividades profissionais;

V – a valorização da identidade profissional no campo da atividade física;

VI – a sustentabilidade do meio ambiente;

VII – a prestação, sempre, do melhor serviço, a um número cada vez maior de pessoas, com competência, responsabilidade e honestidade;

VIII – a atuação dentro das especificidades do seu campo e área do conhecimento, no sentido da educação e desenvolvimento das potencialidades humanas, daqueles aos quais presta serviços.

CAPÍTULO III

Das Responsabilidades e Deveres

Art. 6º – São responsabilidades e deveres do Profissional de Educação Física:

I – promover uma Educação Física no sentido de que a mesma se constitua em meio efetivo para a conquista de um estilo de vida ativo dos seus beneficiários, através de uma educação efetiva, para promoção da saúde e ocupação saudável do tempo de lazer;

II – zelar pelo prestígio da Profissão, pela dignidade do Profissional e pelo aperfeiçoamento de suas instituições;

III – assegurar a seus beneficiários um serviço profissional seguro, competente e atualizado, prestado com o máximo de seu conhecimento, habilidade e experiência;

IV – elaborar o programa de atividades do beneficiário em função de suas condições gerais de saúde;

V – oferecer a seu beneficiário, de preferência por escrito, uma orientação segura sobre a execução das atividades e dos exercícios recomendados;

VI – manter o beneficiário informado sobre eventuais circunstâncias adversas que possam influenciar o desenvolvimento do trabalho que lhe será prestado;

VII – renunciar às suas funções, tão logo se verifique falta de confiança por parte do beneficiário, zelando para que os interesses do mesmo não sejam prejudicados e evitando declarações públicas sobre os motivos da renúncia;

VIII – manter-se informado sobre pesquisas e descobertas técnicas, científicas e culturais com o objetivo de prestar melhores serviços e contribuir para o desenvolvimento da profissão;

IX – avaliar criteriosamente sua competência técnica e legal, e somente aceitar encargos quando se julgar capaz de apresentar desempenho seguro para si e para seus beneficiários;

X – zelar pela sua competência exclusiva na prestação dos serviços a seu encargo;

XI – promover e facilitar o aperfeiçoamento técnico, científico e cultural das pessoas sob sua orientação profissional;

XII – manter-se atualizado quanto aos conhecimentos técnicos, científicos e culturais, no sentido de prestar o melhor serviço e contribuir para o desenvolvimento da profissão;

XIII – guardar sigilo sobre fato ou informação de que tiver conhecimento em decorrência do exercício da profissão;

XIV – responsabilizar-se por falta cometida no exercício de suas atividades profissionais, independentemente de ter sido praticada individualmente ou em equipe;

XV – cumprir e fazer cumprir os preceitos éticos e legais da Profissão;

XVI – emitir parecer técnico sobre questões pertinentes a seu campo profissional, respeitando os princípios deste Código, os preceitos legais e o interesse público;

XVII – comunicar formalmente ao Sistema CONFEF/ CREFs fatos que envolvam recusa ou demissão de cargo, função ou emprego motivadas pelo respeito à lei e à ética no exercício da profissão;

XVIII – apresentar-se adequadamente trajado para o exercício profissional, conforme o local de atuação e a atividade a ser desempenhada;

XVIX – respeitar e fazer respeitar o ambiente de trabalho;

XX – promover o uso adequado dos materiais e equipamentos específicos para a prática da Educação Física;

XXI – manter-se em dia com as obrigações estabelecidas no Estatuto do CONFEF.

O conhecimento e reflexão a respeito de todas as orientações contidas nos documentos citados leva aos profissionais da área de Educação Física a consciência sobre a importância de sua atuação, não apenas influenciando o atleta como também o cidadão. Ao profissional cabe aplicar os saberes adquiridos nos cursos de formação inicial, licenciatura e bacharelado, como também por meio da educação continuada, os cursos de especialização e a permanente atualização na área, algo inclusive mencionado no Código de Ética. Saberes esses nas suas dimensões conceituais – conhecer, procedimentais – fazer e atitudinais – ser.

Antes de tornar-se "técnico de futsal" ou "técnico de futebol", o professor de Educação Física tornou-se um educador, o que significa que, antes do atleta, vem o homem, primeiro criança, depois adolescente para, então, transformar-se no adulto.

O saber profissional em Educação Física, que caracteriza e delimita a intervenção, e é exclusivo daqueles que viveram o processo de aquisição e produção desse saber de forma sistematizada, pode ser resumido, em termos gerais, nas competências para diagnosticar, planejar, orientar, dirigir e avaliar programas de Educação Física para a sociedade. Considerando essa essência da intervenção profissional em Educação Física, cabe aos cursos de graduação oferecer condições para que o graduando adquira esse saber, visando a sua profissionalização. (FREIRE e VERENGUER, 2002)

3.2. O JOGO LÚDICO OU O JOGO "OFICIAL"? O ALUNO OU O ATLETA? O PROFESSOR OU O TÉCNICO?

Dependendo de como o professor diagnosticar, planejar, aplicar e avaliar o processo de ensino do futsal, incluindo aqui as aulas na escola ou no clube, pode resultar as seguintes características de sua prática:

Características da prática do futsal na escola	Características da prática do futsal no clube
O jogo	**O jogo**
Atividade lúdica, cooperativa	Atividade competitiva
Inclusivo: todos participam	Seletivo: poucos participam
O importante é participar, brincar, divertir-se	O importante é a vitória, o jogo é tenso e acirrado
As regras são adaptadas e flexíveis	As regras são rígidas
O professor	**O professor**
O professor reflete com os alunos as situações ocorridas com objetivo de reflexão para integração	O técnico impõe seus esquemas táticos e os exercícios a serem realizados para os atletas cumprirem
O professor preocupa-se com a integração dos alunos	O técnico preocupa-se com a melhora da performance técnica e tática dos atletas
O professor preocupa-se com todos da mesma forma	O técnico preocupa-se mais com os "titulares"

Características da prática do futsal na escola	Características da prática do futsal no clube
O aluno	**O atleta**
O aluno "pode errar"	O atleta não pode cometer erros
É considerado em seus aspectos físico-motor / socioafetivo e percepto-cognitivo	É considerado, principalmente, no aspecto físico-motor
Suas sugestões são ouvidas e discutidas	O que vale são as observações do técnico

Voltando as perguntas no início do capítulo:

> *Por que, então, encontramos tantas diferenças na prática do futsal entre crianças e jovens dentro das escolas e dentro dos clubes? Deveria ser diferente já que os ambientes são diferentes? Qual o papel do profissional de Educação Física nestes ambientes? Quais os fatores que contribuem para que na prática do mesmo esporte os comportamentos sejam tão distintos?*

As respostas podemos encontrar se voltarmos nossos olhos para nossa prática, nossos planejamentos, nossas aulas e os PRINCÍPIOS PEDAGÓGICOS, AS METODOLOGIAS e os CONTEÚDOS que as norteiam. A figura a seguir ilustra os conceitos descritos.

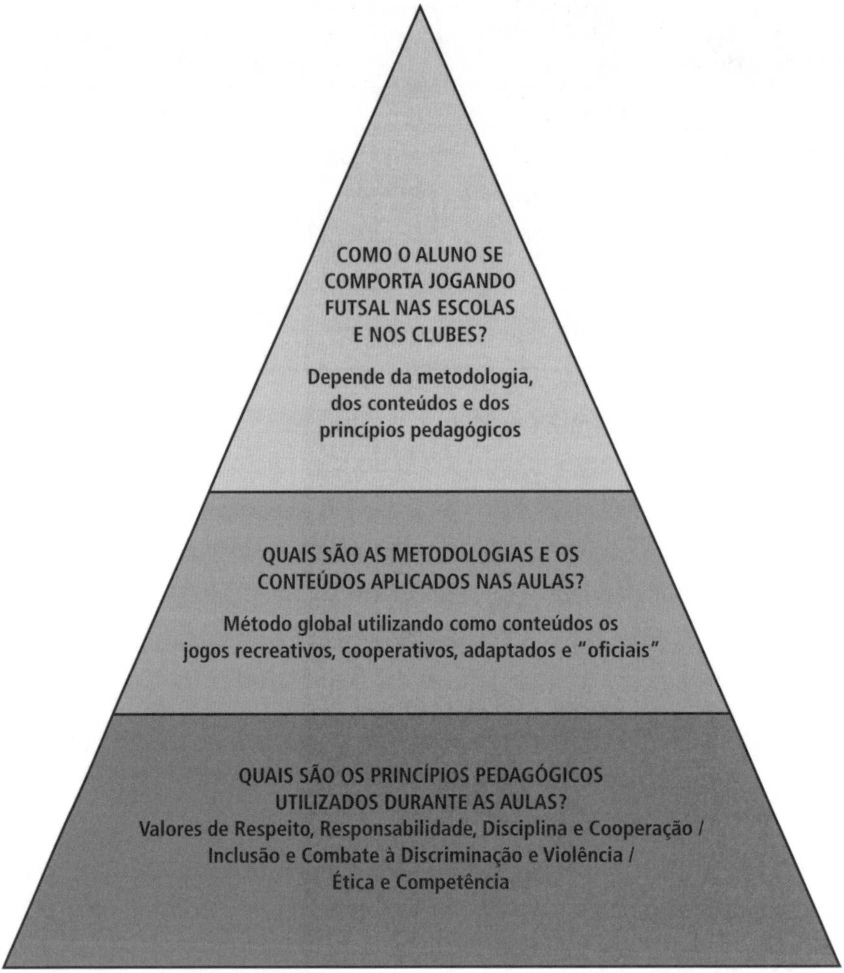

Figura: Relação entre a prática, metodologia, conteúdos e princípios pedagógicos aplicados nas aulas de futsal.

4 O êxodo dos craques brasileiros para o exterior e a prática do futsal na escola com base nas orientações dos PCNs

4.1. O ÊXODO DOS CRAQUES BRASILEIROS PARA O EXTERIOR

Há aproximadamente 30, 40 anos, nossos grandes clubes buscavam os melhores jogadores nas equipes consideradas "pequenas", no interior de cada estado e nos "campos de várzea" existentes nas cidades. Entretanto, nossos craques sempre foram cobiçados pelas equipes estrangeiras, nossas maiores equipes sempre tiveram a concorrência internacional. Após passar pelos ditos "times grandes", nossos melhores jogadores eram "vendidos" para o exterior, mas nada que preocupasse nossos dirigentes, pois o Brasil é "o país do futebol", crianças crescem e se transformam em craques em profusão.

Desde a década de 90 este cenário começou a mudar, pois acentuou-se a saída dos nossos maiores craques para o exterior. Os jogadores passaram a ser vendidos direto do interior para fora do país.

Com a globalização mundial a situação ficou ainda mais difícil, pois não apenas o grande mercado europeu, mas também o oriente e o leste europeu também passaram a "levar" nossos jogadores, e o que era ruim, ficou ainda pior, pois os atletas saíam com idades cada vez menores, indo direto das categorias de base para as equipes estrangeiras.

> *... só em 1999, 658 atletas haviam deixado o país para tentar a sorte em outros cantos do planeta.* (SAPESP, 2007)

A saída encontrada pelos maiores clubes do Brasil para manter suas equipes com qualidade técnica de acordo com suas tradições foi investir e melhorar suas estruturas físicas e capacitar seus profissionais, para que pudessem formar seus próprios jogadores e futuramente passar também a "exportar" atletas, gerando a receita necessária para sua manutenção.

A construção de novos centros esportivos passou a ser prioridade da maioria das equipes profissionais do país, estrutura com campos de futebol, refeitório, alojamentos, departamento médico integrado, sala de lazer e até escolas, entre outras melhorias, foram necessárias. Os profissionais do futebol também tiveram que se capacitar e se profissionalizar, pois não bastava mais ser o "melhor no campo", pois também fora dele disputas passaram a ser travadas. Jogadores passaram a ter empresários, o avanço tecnológico tornou a comunicação mais rápida entre todos, e falar apenas o português já não era suficiente.

> *Tentando driblar a concorrência, os clubes descobriram a importância do planejamento, da infraestrutura. Psicólogos, nutricionistas, fisiologistas, fisioterapeutas passaram a fazer parte da equipe.* (SAPESP, 2007)

E novamente o leitor deve estar curioso para saber: Qual a correlação desta mudança na forma de dirigir e administrar o futebol profissional com futsal e os PCNs?

Acontece que a iniciação do futebol que antes ocorria nos campinhos de várzea, nas ruas e praças do interior e das grandes cidades, também mudou de cenário. Apesar de merecer maiores estudos e pesquisas, é importante que o professor de Educação Física perceba que, nos dias atuais, a escola, por meio da prática do futsal, passou a ser o principal local de iniciação do futebol, ou seja, o aluno migra de um para outro esporte.

De acordo com estudos do professor Lincoln Chaves, publicado em artigo denominado "Das quadras para o campo", em maio de 2009:

> *O futebol de salão é a porta de entrada para um garoto no mundo do futebol aqui no Brasil. Praticamente toda cidade tem, ao menos, uma escolinha, que, fatalmente, disputa algum torneio regional contra vizinhos maiores, geralmente com equipes mais bem estruturadas e até mais próximas daquele que é o grande objetivo da esmagadora maioria: o gramado.*

Partindo deste pressuposto, vamos analisar o futsal na escola, relacionando a importância na iniciação, tanto para a formação do homem, como do atleta.

4.2. O FUTSAL DA ESCOLA E AS ORIENTAÇÕES DOS PCNS

Há uma visão do senso comum que toma o futebol, o futsal e o esporte de uma forma geral como sinônimo de saúde, cultura e educação. O desenvolvimento do jogo de futsal dentro da escola deve responder algumas questões:

É possível trabalhar a inclusão, a cidadania, o combate à discriminação e ao mesmo tempo a competitividade?

Dentro deste contexto o futsal pode ser trabalhado com duas abordagens que se completam:

O FUTSAL COMO MODALIDADE ESPORTIVA ESPECÍFICA

Tem como base o trabalho dos seguintes aspectos:

- **Fundamentos técnicos** (habilidades motoras de passe, condução, chute, cabeceio, recepção, marcação, drible e finta);
- **Tática** (movimentações ofensivas e defensivas);
- **Preparação física** (capacidades físicas);
- **Acompanhamento psicológico**;
- **Regras**.

O FUTSAL COMO PROPOSTA EDUCATIVA

Privilegia os conteúdos relacionados a:

- **Combate à violência e ao consumismo;**
- **Diferenças entre meninas e meninos;**
- **Apreciação e crítica;**
- **Atenção à diversidade;**
- **Utilização de espaço;**
- **Problematização das regras;**
- **Conhecimentos prévios.**

COMO CONCILIAR AS DUAS ABORDAGENS?

A prática do futsal, associando os conteúdos do futsal "COMO MOLIDADE ESPECÍFICA" com a "PROPOSTA EDUCATIVA, depende dos professores que conduzem estas práticas. Como vimos no capítulo III, os princípios pedagógicos, a metodologia e os conteúdos utilizados resultarão em determinado comportamento por parte dos alunos.

QUAL O CAMINHO A SEGUIR?

4.2.1. O FUTSAL COMO COMPETIÇÃO DE RENDIMENTO?

Tem como objetivo principal a conquista, a vitória.

4.2.2. O FUTSAL COMO PROPOSTA EDUCATIVA?

Tem como objetivo a formação global do aluno.

4.2.3. O FUTEBOL COMO LAZER: JOGANDO OU APRECIANDO?

Tem como objetivo a busca da ocupação do tempo livre, a descontração e o divertimento.

- Jogando: buscar o equilíbrio físico e emocional, a saúde, a descontração e o divertimento.
- Apreciando: nesta forma de lazer, o futebol pode também ser considerado como espetáculo, onde os interessados podem participar apenas como espectador, no estádio, à frente da TV ou ouvindo uma transmissão pelo rádio.

É importante que o professor observe o comportamento de seus alunos durante os jogos, estabelecendo critérios para avaliar suas atitudes e relacionar com o tipo de prática estabelecida nas aulas. Procurando respostas para situações que ocorrem diariamente, o professor vai encontrando o caminho a seguir:

- O crescimento urbano: Qual sua influência na prática do futebol/futsal?
- O "espaço" escola: Atualmente onde o futebol/futsal tem sua iniciação?
- O aluno: como seu aluno joga futsal?
- O professor de Educação Física: Qual seu papel social?
- O torneio escolar: instrumento de educação ou de seleção de talentos?

FUTSAL COMPETIÇÃO

CUIDADO COM O PERFIL DE ATLETA QUE ESTAMOS FORMANDO...

O professor deve considerar o nível de competitividade estabelecido nas aulas e treinos para que o aluno perceba que o adversário não é "inimigo", e que o jogo não é uma "guerra".

FUTSAL EDUCAÇÃO

CUIDADO COM O PERFIL DE ALUNOS QUE ESTAMOS FORMANDO...

Os alunos devem entender o futsal como uma atividade em que prevaleçam as atitudes de integração e respeito às diferenças, todas as formas de discriminação devem ser repudiadas.

FUTSAL COMPETIÇÃO

CUIDADO COM O PERFIL DE TORCEDOR QUE ESTAMOS FORMANDO...

Apreciar o esporte como atividade de socialização e entretenimento. O professor deve buscar junto aos alunos a reflexão e a discussão sobre a importância do lazer para a melhora da qualidade de vida.

4.3. A ESCOLA: O CRESCIMENTO URBANO REDEFININDO O PAPEL DA ESCOLA NO PROCESSO EDUCACIONAL E NA INICIAÇÃO DO FUTSAL

De acordo com o artigo 1° da LDB 9394/96, a Educação é definida como:

> *A educação abrange os processos formativos que se desenvolvem na vida familiar, na convivência humana, no trabalho, nas instituições de ensino e pesquisa, nos movimentos sociais e organizações da sociedade civil e nas manifestações culturais.*

Conforme podemos constatar, a interação entre os ambientes "fora" da escola com o ambiente escolar é que determinam a formação da criança.

Vamos analisar, então, as mudanças ocorridas nos últimos anos, que acabaram por modificar esses ambientes nos quais as crianças vivem.

4.3.1. A FALTA DE "ESPAÇO" PARA A CRIANÇA

A expansão imobiliária e o crescimento da violência nas grandes cidades, aliados à falta de segurança e ao número insuficiente de parques e praças públicas, tornaram a criança refém de suas casas e apartamentos.

Para muitas crianças, a ESCOLA passou a ser o único local seguro para, além de aprender, brincar.

4.3.2. O APRENDER E O BRINCAR NA RUA

Valores que há alguns anos a criança aprendia nos jogos e nas brincadeiras de "rua", hoje ela aprende na escola. Só que com uma diferença significativa: na "rua" as crianças elaboravam e discutiam as regras, trocavam valores e estabeleciam ética de comportamento. Na escola, ao menos na maioria delas, as regras estão prontas, acabadas e definidas.

O que resta à criança? Segui-las.

Sem a elaboração, a discussão e a reflexão, a criança perde a oportunidade de vivenciar situações de trocas, de ceder em prol da maioria, de falar e de ouvir.

4.4. O ALUNO: A CORRELAÇÃO DAS CARACTERÍSTICAS NOS DOMÍNIOS PSICOMOTOR, COGNITIVO E SOCIOAFETIVO COM A PRÁTICA DO FUTSAL

- Quem é o nosso aluno?
- Quais as características da criança e do adolescente que frequentam nossas aulas?

- Quais os domínios de comportamento que devemos considerar ao diagnosticar, planejar, aplicar e avaliar nossos alunos?

Para as questões que procuram identificar aqueles COM os quais e PARA os quais o professor desenvolve seu trabalho, torna-se necessário maior conhecimento sobre o aluno, suas características e comportamentos.

O ser humano é um ser sociável composto de três domínios de comportamento:

- **Domínio cognitivo**;
- **Domínio motor** (ou psicomotor);
- **Domínio socioafetivo**.

Há uma interação entre os domínios, em que um interfere e influencia o outro. Em algumas atividades o professor pode enfatizar um dos domínios em relação aos outros, mas seja qual for a atividade, todos estarão sempre presentes.

Isso explica o porquê de, em determinada aula, treino ou jogo, haver oscilações na atuação motora de determinados alunos. Alguns extremamente habilidosos, às vezes, participam abaixo do esperado devido à influência do domínio emocional sobre o motor.

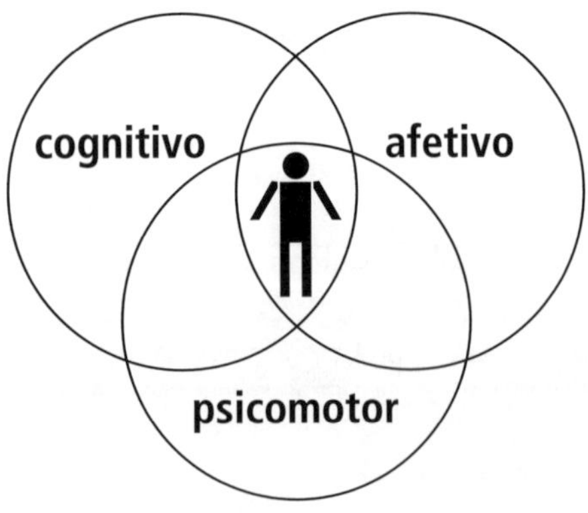

Figura: Interação entre os comportamentos socioafetivo, cognitivo e físico-motor na prática do futsal.

4.4.1. O DOMÍNIO PSICOMOTOR: OS GESTOS MOTORES E AS CAPACIDADES FÍSICAS NO FUTSAL

O domínio psicomotor é a expressão por meio dos gestos motores e das capacidades físicas utilizados no futsal.

- **Gestos motores**: Realizados após o processamento do estímulo no córtex cerebral, envolvendo a organização do corpo para a realização dos movimentos exigidos. Deve haver um controle corporal para que os fundamentos técnicos do futsal de recepção, condução, passe, chute, cabeceio, drible e finta sejam realizados. As habilidades motoras são adquiridas com a prática, entre outras, o correr, o saltar, o chutar, o cabecear, o receber, o passar e o marcar.
- **Capacidades físicas:** São geneticamente determinadas e melhoram com a prática, servem de base para a execução das habilidades motoras. No futsal as mais utilizadas são: força, velocidade, agilidade, potência, flexibilidade, equilíbrio, resistência aeróbica e anaeróbica.

EM RELAÇÃO AO DESENVOLVIMENTO DOS FUNDAMENTOS TÉCNICOS, DEVE-SE:

- Trabalhar sempre os dois lados do corpo;
- Trabalhar situações reais do jogo.

De acordo com a teoria de desenvolvimento motor proposta por Gallahue, 2005 os movimentos são classificados em:

- **Movimento reflexos:** 4º mês intrauterino até aproximadamente 1 ano;
- **Movimentos rudimentares:** De 1 a 2 anos de idade;

- **Movimentos fundamentais**: Pré-escola – 2 a 6 anos;
- **Movimentos especializados transitórios:** Ensino Fundamental I – 7 a 10 anos;
- **Movimentos especializados de aplicação:** Ensino Fundamental II – 11 a 14 anos);
- **Movimentos especializados de utilização permanente:** Ensino Médio – acima de 14 anos.

No futsal os alunos devem ter os movimentos fundamentais, no seu estágio maduro, desenvolvidos até aproximadamente 6, 7 anos para iniciar as combinações necessárias, ou seja, entrar na fase dos movimentos especializados: correr, receber a bola, conduzir e chutar a gol.

A TÉCNICA APRIMORADA POSSIBILITA AOS ALUNOS:

- Pensar o jogo;
- Observar companheiros e adversários.

4.4.2. O DOMÍNIO COGNITIVO: O RACIOCÍNIO NO JOGO DE FUTSAL

O desenvolvimento cognitivo é de extrema importância para o entendimento do jogo de futsal. Abrange o pensamento e o raciocínio, relacionados à compreensão das regras, das movimentações táticas ofensivas e defensivas, além das escolhas adequadas para as diversas situações que ocorrem durante uma partida.

Exemplos:

- **Na marcação:** o defensor antecipa-se para interceptar o passe ou permanece entre o atacante e sua área de meta?

- **No contra-ataque:** atacando 3 contra 1, o jogador com posse de bola passa para o companheiro da direita, da esquerda ou tenta o drible para chutar a gol?

O domínio cognitivo, ou seja, o pensamento é o responsável pelas decisões que o aluno deverá tomar diante das situações de jogo expostas. Alguns fatores interferem na escolha, tais como o estado físico (domínio psicomotor), placar e tempo do jogo (domínio socioafetivo).

De acordo com Piaget (apud Davis e Oliveira, 1994), o desenvolvimento cognitivo, ou a construção do conhecimento, ocorre nas seguintes etapas:

- **Sensório-motor:** 0 a 2 anos;
- **Pré-operacional:** 2 a 6 anos;
- **Operacional concreto:** 7 a 10 anos;
- **Operacional formal:** 11 anos em diante.

No futsal, a fase operacional, com suas subdivisões, é importante para melhor compreensão das regras e das movimentações táticas.

Normalmente os alunos na faixa etária entre os 7 e 10 anos vivenciam o jogo mais no seu aspecto concreto, nas situações em que podem "ver e sentir" o jogo, isso explica porque na iniciação a tática mais utilizada é a de "onde a bola está, todos estão correndo atrás", pois se o objetivo do jogo é fazer gol, todos tentam manter sua posse correndo ao mesmo tempo atrás dela. As regras na iniciação devem ser adaptadas para facilitar seu entendimento.

Com o amadurecimento, a partir dos 10, 11 anos, os alunos conseguem planejar ações abstratas, posicionam-se de forma mais distribuída na quadra, elaborando estratégias e hipóteses para manter a posse da bola, evitar o gol do adversário e obtenção dos tentos para a vitória de sua equipe. Neste período os alunos compreendem praticamente todas as regras, jogando de acordo com as normas estabelecidas e até utilizando-as em benefício da equipe.

O DOMÍNIO COGNITIVO TEM RELAÇÃO DIRETA COM A ORGANIZAÇÃO DAS MOVIMENTAÇÕES TÁTICAS OFENSIVAS E DEFENSIVAS.

4.4.3. O DOMÍNIO SOCIOAFETIVO: O ASPECTO EMOCIONAL E A INFLUÊNCIA NO FUTSAL

O homem é um ser que vive e convive com os outros em sociedade. Ele AGE, INTERAGE E REAGE com outras pessoas. No futsal deve-se ter especial atenção ao grau de dificuldade estabelecido para as atividades propostas. O aluno deve sentir-se desafiado, realizar o programado sabendo que terá que se dedicar para alcançar o resultado esperado. Portanto, se o professor estabelecer metas muito fáceis ou, ao contrário, inatingíveis, poderá causar um relaxamento ou uma desmotivação, respectivamente.

Três aspectos podem ser ressaltados na questão do desenvolvimento emocional dos alunos:

- **AUTOIMAGEM:** favorece a aprendizagem quando o aluno sente **coragem, confiança e segurança** para desempenhar determinadas tarefas. **O professor deve ficar atento para não ressaltar em demasia o erro.**
- **RELAÇÃO INTERPESSOAL:** necessidade de **interação com o grupo** e o companheiro no processo de ensino-aprendizagem. Quando em uma situação de aula ou treino, caso o professor não oriente em relação aos termos utilizados que denigrem a imagem

dos alunos, tais como "frangueiro", "perna de pau", "grosso", tal fato pode ser entendido como uma aprovação de sua parte, o que, futuramente, provocará desentendimentos e conflitos.

- **VALORIZAR mais O PROCESSO do que O RESULTADO:** O professor deve ficar atento e valorizar mais o **"caminho a ser percorrido"**, a **"maneira como chegar"** do que o resultado propriamente dito.

De acordo com a teoria psicossocial de Erik Erikson, na idade entre 7 a 10 anos, desenvolve-se o sentimento de "Atividade *versus* Inferioridade":

> *A atividade é maximizada nos anos exuberantes da infância, quando as crianças dirigem suas energias para dominar as novas habilidades físicas e cognitivas do seu mundo em rápida expansão. A inferioridade desenvolve-se a partir de sentimentos de incompetência e de fracasso para atingir os níveis de expectativa.* (ERIKSON apud GALLAHUE, 2005)

4.4.4. A INTERAÇÃO DOS DOMÍNIOS COGNITIVO, PSICOMOTOR E SOCIOAFETIVO DURANTE O JOGO DE FUTEBOL E FUTSAL

Podemos demonstrar com uma frase a maneira como os três domínios estão sempre presentes e em permanente interação entre si na prática do futebol/futsal:

> *Durante o jogo o aluno deve utilizar de movimentos específicos do futebol (psicomotor)... para resolver problemas e situações agindo de acordo com as regras (cognição)... e interagindo com seus colegas, adversários, arbitragem e torcida (socioafetivo).*

4.5. O PROFESSOR DE EDUCAÇÃO FÍSICA E SUA PRÁXIS COM O FUTSAL NA ESCOLA

Os professores têm quais objetivos ao ensinar futsal na escola?

1. Descobrir, treinar e formar futuros atletas de competição?

Ou

2. Formar cidadãos que tenham o hábito de praticar uma atividade física regular, sendo uma delas jogar futsal, como recreação, apreciar o esporte como torcedor e também auxiliar na descoberta de futuros atletas de futebol?

O resultado final desse processo de ensino baseado em princípios e métodos comprovadamente eficazes e pedagogicamente adequados deve ser o de adultos conscientes do valor educativo do esporte, sejam eles atletas de competição, de recreação ou apenas apreciadores da modalidade.

Como componente curricular a educação física tem como objeto de estudo o movimento, e, por consequência, o corpo. De acordo com os PCNs, as aulas devem ser distribuídas em três blocos de conteúdos:

1. Esportes, jogos, ginástica e lutas;
2. Atividades rítmicas e expressivas;
3. Conhecimentos sobre o corpo.

> *Os três blocos articulam-se entre si, têm vários conteúdos em comum, mas guardam especificidades.* (PCNs, 1996, p. 46)

Portanto, trabalhar com futsal estará perfeitamente adequado quando:

1. Respeitados os princípios pedagógicos educacionais;
2. Aplicada a metodologia pertinente à faixa etária;

3. Identificados os saberes conceituais, procedimentais e atitudinais; e
4. Utilizados os elementos cognitivos para diagnosticar, planejar, aplicar e avaliar os conteúdos ministrados.

Segundo Voser, 2002, para se obter êxito em suas aulas é importante considerar os seguintes aspectos:

- Estabelecer vínculo afetivo com os alunos;
- Transmitir apoio e segurança;
- Usar o reforço positivo;
- Manter a motivação;
- Trabalhar com as diferenças, assegurando a participação de todos;
- Promover a convivência entre meninos e meninas;
- Enfatizar as capacidades motoras;
- Estimular a interdisciplinaridade;
- Explicar e demonstrar a atividade quantas vezes se fizer necessário;
- Incentivar os alunos à criação e à reformulação da regra;
- Considerar o contexto e o interesse da turma.

5 A "máfia do apito" e a elaboração de torneio de futsal na escola

5.1. A "MÁFIA DO APITO" NO CAMPEONATO BRASILEIRO DE FUTEBOL EM 2005

No ano de 2005 o futebol brasileiro deixou ser notícia pelos seus belos gols, o surgimento de novos craque s e a saudável rivalidade entre os clubes das diversas regiões do país.

> *Nos noticiários esportivos, as imagens dos gols da rodada, a plasticidade dos passes bem feitos e o colorido das arquibancadas deram lugar à cobertura policial.* (SAPESP, 2007)

De infeliz lembrança para todos que acompanham e vibram com a realização do campeonato brasileiro, o torneio daquele ano ficou marcado pelo envolvimento da arbitragem com esquemas que manipularam resultados de várias partidas. Comandado pelo árbitro Edilson Pereira de Carvalho e pelo empresário Nagib Fayad, o esquema beneficiava apostadores de duas casas de jogos virtuais. Armando Marques, o presidente da Comissão Nacional de Arbitragens, foi afastado e os culpados, além de afastados do esporte, foram presos. Onze partidas do torneio tiveram de ser canceladas e foram realizadas novamente.

Achamos importante relembrar esses tristes fatos para ratificarmos que todos os detalhes devem ser rigorosamente discutidos e planejados na elaboração de um torneio desportivo, seja ele um torneio profissional ou escolar. O descaso com mínimos problemas podem gerar, futuramente, grandes dificuldades e transtornos para dirigentes, professores, atletas, alunos e torcedores.

5.2. OS OBJETIVOS DO TORNEIO DE FUTSAL ESCOLAR

Os objetivos de um torneio de futsal realizado na escola devem ser previamente estabelecidos pelo professor de Educação Física e esportes da instituição para que sejam conhecidos de todos.

E quais os objetivos que podem ser estabelecidos para um torneio de futsal na escola?

Para Brougére (1998), Elkonin (1984), Huizinga (1996) e Vygotsky (1984) *apud* autores de *Jogos Educativos: estrutura e organização da prática*, 2007:

> *O jogo é uma atividade representativa/interpretativa, e não apenas imaginária, um misto das vivências concretas com fantasias (imaginário)... O jogo e o esporte, como instrumentos educacionais, devem contribuir para a construção de valores éticos e morais, coibindo a competição exacerbada e a conquista de resultados a qualquer custo.*
>
> *Assim, o foco da intencionalidade educativa do jogo deve apontar para os seguintes objetivos:*

- *Resgatar valores humanos, como amizade, cooperação, solidariedade e respeito;*
- *Favorecer a interação entre os alunos e o meio ambiente;*
- *Construir regras, normas e atitudes positivas;*
- *Ampliar as oportunidades de desenvolvimento psicomotor, cognitivo e socioafetivo;*
- *Formar cidadãos críticos, participativos e cientes de seu papel na sociedade, visando a torná-la mais justa e democrática.*

Após definição dos objetivos, é necessário o planejamento, a organização, a execução, o acompanhamento e a avaliação por parte do professor. Para melhor administrar o evento, sugerimos uma divisão das tarefas a serem realizadas em:

5.3. O PLANEJAMENTO, A ORGANIZAÇÃO, A EXECUÇÃO, O ACOMPANHAMENTO E A AVALIAÇÃO DO TORNEIO DE FUTSAL ESCOLAR

- Medidas e atitudes a serem tomadas antes do início do torneio;
- Medidas e atitudes a serem tomadas durante o torneio;
- Medidas e atitudes a serem tomadas após o torneio.

5.3.1. MEDIDAS E ATITUDES A SEREM TOMADAS ANTES DO INÍCIO DO TORNEIO

- 1ª PROVIDÊNCIA

Solicitar autorização da direção/coordenação pedagógica/orientação educacional para a realização do torneio.

É necessário verificar se o evento esportivo, com enorme aceitação por parte dos alunos, não coincidirá com outros eventos pedagógicos ou culturais, já programados pela escola.

- DEFINIR A FAIXA ETÁRIA, AS SÉRIES E/OU ANOS DE ALUNOS, PARA OS QUAIS SERÁ REALIZADO O TORNEIO

Considerar aspectos socioafetivos, cognitivos e motor, pois muitas vezes os alunos estão aptos no plano motor, ou seja, eles já sabem jogar futsal, mas ainda apresentam um comportamento imaturo em relação ao comportamento emocional.

O professor deve se perguntar: Os alunos estão preparados em todos os domínios de comportamento? Conhecem as regras? Sabem ganhar e perder? As turmas dos períodos da manhã e da tarde participarão juntos ou separados?

- ESTABELECER PERÍODO/HORÁRIO PARA REALIZAÇÃO DOS JOGOS

Toda escola possui uma rotina de funcionamento no seu dia a dia, na qual todos os setores e funcionários estão adaptados. Cabe ao professor, ao organizar o torneio, preparar, participando e orientando a todos sobre as mudanças que ocorrem no período dos jogos.

A rotina escolar será alterada? Se em horário contrário ao início das aulas: como será o comportamento dos alunos no tempo de espera? Em que local da escola os alunos aguardarão? Se realizado no intervalo: como tomarão o lanche e como voltarão para a classe?

- LEVANTAMENTO DE CUSTOS DO TORNEIO

Ao conversar com a direção, o professor deve apresentar uma prévia dos custos necessários para a organização do torneio.

Haverá premiação com medalhas e troféus? Os professores farão hora extra? Haverá necessidade de outros profissionais, tais como enfermaria, áudio e vídeo?

- RESPONSÁVEL PELA ORGANIZAÇÃO

Em muitas oportunidades, os alunos solicitam ao professor a realização do torneio. Deve ficar bem claro quem é o responsável pela sua organização.

A responsabilidade é do professor de Educação Física? Este delegará responsabilidades a monitores, inspetores ou aos alunos representantes de cada classe?

- DIVULGAÇÃO E INSCRIÇÕES

Após autorização da direção, é necessária uma divulgação para que todos, alunos, demais professores, funcionários e pais, tomem conhecimento da atividade que está por acontecer.

A quem cabe esta divulgação? Ao professor de Educação Física? Será colocado cartaz na escola: no pátio, em cada sala, na sala dos professores? A divulgação será via internet, caso a escola possua?

5.3.2. MEDIDAS E ATITUDES A SEREM TOMADAS DURANTE O TORNEIO

- ATUALIZAÇÃO DOS RESULTADOS E CLASSIFICAÇÃO

O professor deve manter todos os alunos informados sobre os resultados dos jogos e a classificação das equipes. Seu meio de comunicação com todos, normalmente, é o painel/mural, que deverá estar sempre atualizado e em bom estado de apresentação. Os alunos devem perceber a organização, o comprometimento e a preocupação do professor com o bom andamento do torneio.

- CONTATO PERMANENTE COM ORIENTAÇÃO EDUCACIONAL/DIREÇÃO/COORDENAÇÃO/PROFESSORES

Refletir e discutir com responsáveis e demais professores sobre o andamento do torneio, observando o comportamento dos alunos, a volta para sala de aula e demais assuntos pertinentes ao evento.

- PREVENINDO PROBLEMAS DISCIPLINARES

Conversar com alunos sobre quaisquer situações de indisciplina, tais como atrasos, discussões etc. A princípio a conversa pode ser de orientação na sala de aula, sinalizando ao representante da classe o problema ocorrido. Caso necessário, conversar na presença da coordenação pedagógica/orientação/direção.

- O PROFESSOR DEVE SER O 1º A CHEGAR AO LOCAL ONDE SERÃO REALIZADOS OS JOGOS, JÁ COM COLETES, BOLAS E SÚMULAS

Para evitar problemas disciplinares, o professor deve estar presente no local dos jogos, com todo material necessário, antes da chegada dos alunos, organizando a entrada de todos que participarão como plateia na arquibancada e dos alunos que participarão do jogo na quadra.

- MANTER SEMPRE A CALMA, RESOLVENDO OS PROBLEMAS UM DE CADA VEZ, NÃO DEIXANDO NINGUÉM SEM RESPOSTA. LEMBRE-SE: VOCÊ "REPRESENTA" A ORGANIZAÇÃO DO TORNEIO

5.3.3. MEDIDAS E ATITUDES A SEREM TOMADAS APÓS O TÉRMINO DO TORNEIO

- Divulgar os resultados finais: 1°, 2° e 3° lugares, parabenizando a todos pela participação;
- Agradecer a todos pelo auxílio na realização do torneio;
- Fazer um relatório final do evento.

5.4. DICAS PARA ELABORAR UM REGULAMENTO

Sugerimos que um torneio de futsal na escola seja realizado a partir do Ensino Fundamental II, com alunos a partir de 11 anos, pois segundo estudos sobre o desenvolvimento psicomotor, socioafetivo e cognitivo, encontram-se mais bem adaptados a atividades competitivas.

Definir se o torneio será "Interclasses" ou "Interno".

Diferenças:

- **Interclasses:** como o próprio nome sugere, o torneio é disputado entre as classes, alunos de uma classe não podem jogar na outra. Normalmente utilizado quando há um grande número de salas no mesmo ano. Exemplo: quatro 6° anos, quatro 7° anos, quatro 8° anos e quatro 9° anos.
- **Interno:** torneio realizado entre alunos da escola, podendo mesclar alunos de séries diferentes, respeitando-se os níveis 6°/7° e 8°/9° anos. Normalmente utilizado quando há um número reduzido de séries. Exemplo: apenas um 6°, um 7°, um 8° e um 9° ano.

ORGANIZANDO UM "TORNEIO INTERNO" OU "INTERCLASSES"

TORNEIO INTERNO DE FUTSAL – 6º a 9º ANO DA TARDE

REGULAMENTO

1. Dos objetivos e disposições gerais

Objetivo: O torneio interno de futsal tem como objetivo a integração dos alunos.

Como formar as equipes: Poderão formar equipes misturando as séries, com no máximo 6 (seis) alunos por equipe, **não precisa ser alunos do mesmo ano**, desde que seja 6º/7º ou 8º/9º anos.

Nome das equipes: As equipes deverão ter o nome de um país que disputou o Panamericano/Copa do Mundo, e será obedecido o critério de escolha para quem entregar primeiro a inscrição.

2. Da forma de disputa e participação

O Interclasses será disputado pelos meninos/meninas do 6º ao 9º anos do período da tarde.

Teremos duas categorias:

- Categoria A: alunos do 6º/7º ano;
- Categoria B: alunos de 8º/9º ano.

Número de alunos por equipe: máximo de 6 alunos por equipe.

Horário dos jogos: os jogos serão realizados durante o intervalo.

Forma de disputa: a forma de disputa dependerá do número de equipes inscritas.

3. Da organização e arbitragem

A organização do torneio ficará sob responsabilidade do Departamento de Educação Física e Esportes.

A arbitragem será realizada por professores e monitores ou alunos auxiliares.

4. Da pontuação

Vitória: 3 pontos / Empate: 2 pontos / Derrota: 1 ponto.

5. Das regras disciplinares

Invadir quadra ou falar palavrão: a equipe pela qual a torcida estiver a favor perderá 1 ponto do total conquistado no jogo em andamento e a torcida não mais assistirá aos jogos, além das punições disciplinares da escola.

Aluno que brigar: será desqualificado do campeonato, além das punições previstas no regimento escolar.

6. Premiação

Serão premiados com medalhas os alunos das equipes classificadas em 1°, 2° 3° e 4° lugar, e com troféus as equipes classificadas em 1° e 2° lugar.

7. Casos omissos a este regulamento e quaisquer dúvidas existentes serão solucionados pelo conselho de professores

Para a organização de um torneio com característica "inter-classes", a única alteração será no item 2 do regulamento, no que diz respeito às inscrições.

2. Das inscrições

Somente poderão participar alunos da mesma série.

As equipes serão do sexo masculino ou feminino.

Cada sala pode formar mais de uma (1) equipe.

Máximo de 10 alunos por equipe.

MODELO DE FICHA PARA INSCRIÇÃO DAS EQUIPES

FICHA DE INSCRIÇÃO

EQUIPE (nome de país que disputou o Pan/Copa do Mundo): ________________ CAPITÃO (nome e série): ________________

NOME	SÉRIE
1	
2	
3	
4	
5	
6	

Máximo de 6 alunos por equipe

DEVOLVER NA SALA DE ESPORTES ATÉ ____/____/____

MODELO PARA SÚMULA DOS JOGOS

SÚMULA DE JOGO

______ [ ] × [ ] ______

OBSERVAÇÕES: ______

DATA ___/___/___ RESPONSÁVEL: ______

MODELOS PARA DIVULGAÇÃO DO TORNEIO

COMECE A PREPARAR SUA EQUIPE, VAI COMEÇAR...

INTERCLASSES - FUTSAL

Participe com respeito, cooperação, disciplina e responsabilidade!

AGUARDE INFORMAÇÕES!

AGORA É A VEZ DAS MENINAS, FORME SUA EQUIPE!

TORNEIO FEMININO DE FUTSAL

AGUARDE INFORMAÇÕES!

6 Ronaldinho Gaúcho, Robinho e Neymar jogando futebol com os fundamentos técnicos do futsal

6.1. APRENDER A JOGAR FUTEBOL E/OU FUTSAL, OU SIMPLESMENTE JOGAR FUTEBOL E/OU FUTSAL? MAS EXISTE DIFERENÇA ENTRE UM E OUTRO?

Podemos visualizar melhor esta diferença ao observarmos um grupo de meninos "correndo atrás da bola" nos campos, campinhos, ruas, praças, quadras, praias e quaisquer outros locais que permitam a prática espontânea do futebol e do futsal. Por prática espontânea entenda-se sem a presença de alguém orientando, dizendo o que deve e o que não deve ser feito, estabelecendo número de repetições ou com que parte do pé tocar na bola.

O "simplesmente jogar futebol ou futsal" é isto, não se preocupar com a maneira certa ou errada de realizar os movimentos que fazem parte do jogo, os gestos motores específicos da modalidade, em outras palavras, os fundamentos técnicos do futebol e do futsal.

Desta maneira, o futebol brasileiro construiu sua característica de jogar futebol: um jogo com amplo repertório de dribles e passes, lances improvisados e criativos que conquistaram o mundo, encantando bela beleza plástica, alegria e obtenção de gols e títulos.

Vimos no capítulo 4 que a escola é um dos principais locais para a iniciação da prática do futebol, e que este, atualmente, ocorre por meio do futsal. As principais equipes de futebol do Brasil mantêm equipes de futsal nas categorias de base, abaixo de 14 anos, disputando campeonatos de ligas de futsal em seus respectivos estados. Acompanhamos nos últimos anos vários atletas se destacarem no futebol, oriundos do futsal, entre os quais Ronaldinho Gaúcho, Robinho e Neymar. Ao iniciar jogando futsal, para depois "migrarem" para o campo, os três craques obtiveram algumas vantagens nos aspectos motor, socioafetivo e cognitivo que colaboraram sobremaneira a alcançar o sucesso no futebol de campo:

- **Aspecto motor:** o menor tamanho da quadra propicia maior contato com a bola, gerando melhora nos fundamentos técnicos. Explicando: no campo temos aproximadamente 6.000 metros quadrados (campo de 100m × 60m) para 22 jogadores, oferecendo cerca de 280 metros quadrados para cada um. Já na quadra são apenas 800 metros quadrados (quadra com 20m × 40m) para 10 jogadores, o que "dá", teoricamente, 80 metros quadrados para cada atleta. Tal situação exige maior controle da bola e mais habilidade para execução de dribles em menores espaços;
- **Aspecto socioafetivo:** a proximidade da meta defensiva e ofensiva desenvolve o senso de responsabilidade, cooperação e autonomia, pois ao perder a bola há maiores possibilidades de a equipe sofrer o gol, assim como a posse de bola viabiliza a obtenção do tento;

- **Aspecto cognitivo:** a maior dinâmica do futsal acaba por estabelecer frequentes momentos de marcação e desmarcação, a proximidade entre os jogadores exige rapidez no raciocínio e criatividade para organizar uma jogada tanto na parte ofensiva como na defensiva.

Portanto, ao "aprender a jogar", com a presença do professor, dentro de todos os princípios pedagógicos, metodologia e conteúdos adequados, a criança e o jovem terão a possibilidade de receber orientações de um profissional competente e especializado, que facilitarão o jogo, desenvolvendo a execução dos fundamentos técnicos do futsal, tanto para os jogadores de linha como também para o goleiro.

De acordo com Lucena, 2008, define-se técnica como todo gesto ou movimento realizado pelo atleta que lhe permita dar continuidade e desenvolvimento ao jogo. É descrita também como uma série infindável de movimentos realizados durante uma partida, tendo como base os fundamentos do esporte.

Neste capítulo destacaremos os fundamentos técnicos do futsal dos jogadores de linha.

6.2. AS TÉCNICAS PARA OS JOGADORES DE LINHA NO FUTSAL

- Recepção;
- Condução;
- Passe;
- Chute;
- Drible;
- Finta;
- Cabeceio.

Alguns autores acrescentam a marcação como um dos fundamentos técnicos do futsal. Destacaremos maiores detalhes sobre a marcação no capítulo 8 destinado às "movimentações táticas".

Sendo as habilidades motoras adquiridas, ou seja, os indivíduos aprendem desde o nascimento os movimentos necessários para sua locomoção, manipulação e equilíbrio para utilizá-los no dia a dia, incluindo-se a prática dos esportes.

6.2.1. OS FATORES QUE INFLUENCIAM OS FUNDAMENTOS TÉCNICOS INDIVIDUAIS NO FUTSAL

1. **Os fatores extrínsecos:** os estímulos ambientais, as experiências e oportunidades da prática, as condições e as situações do jogo influenciam sobremaneira a forma como são realizados os fundamentos técnicos da modalidade. O futsal é praticado em um ambiente considerado aberto, sendo assim os movimentos do jogador são realizados de acordo com as influências recebidas em relação à movimentação dos adversários e de seus próprios companheiros. Além disso, o tempo do jogo, se este está no início ou no final, o tamanho da quadra, a torcida contra ou a favor, também afetam o desempenho técnico do jogador.
2. **Os fatores intrínsecos:** as características físicas hereditárias, como a força, velocidade, agilidade, resistência, flexibilidade, equilíbrio e potência, entre outras, podem ser melhoradas ou não, dependendo do treinamento. No entanto, um jogador já tem a característica de velocista, de capacidade aeróbica, só para citar exemplos, determinadas geneticamente.

6.2.2. A SEQUÊNCIA DE APRENDIZAGEM DAS TÉCNICAS DO FUTSAL

Na iniciação do futsal, a aprendizagem dos fundamentos técnicos segue uma sequência natural para facilitar o jogo, respeitando-se as dificuldades das crianças, partindo do mais simples para o mais complexo: primeiramente a recepção, condução e passe, para depois desenvolver o chute, o drible, a finta e o cabeceio. Definimos aqui o chute como a ação de golpear a bola com um dos pés com objetivo de obtenção do gol, pois todo "toque" na bola também pode ser entendido como chute, e isto a criança faz desde a mais tenra idade.

6.3. RECEPÇÃO DE BOLA

• DEFINIÇÃO

Recepção é a ação de receber a bola e mantê-la sob controle. A recepção pode ocorrer mediante o passe de um companheiro ou arremesso do goleiro.

• IMPORTÂNCIA

A importância de uma boa recepção está na possibilidade de agilizar o jogo, oferecendo boas condições para conduzir, passar, driblar ou finalizar a gol.

• CLASSIFICAÇÃO DA RECEPÇÃO

A recepção é classificada em relação **à trajetória da bola e sua execução**, ou seja, a parte do corpo que entra em contato com a bola para recepcioná-la.

Em relação à trajetória da bola	Em relação à execução (parte do corpo)
Rasteira	Recepção com o pé: face interna, face externa e solado
Meia-altura	Recepção com o pé e com a coxa: face interna e externa dos pés e coxas e anterior da coxa
Parabólica	Recepção com a cabeça, peito, coxa, dorso dos pés e solado
Alta	Recepção com a cabeça e peito

- ASPECTOS PEDAGÓGICOS PARA A RECEPÇÃO

Momentos antes da recepção: deve-se observar o campo de jogo para verificar qual a sequência a ser dada no jogo: condução, passe ou drible;

Posicionar o corpo de forma equilibrada ou reequilibrar se a recepção for realizada em bolas que exijam saltos;

Manter a bola em seu "raio de ação" logo após a recepção da bola.

6.4. CONDUÇÃO DE BOLA

- DEFINIÇÃO

É o deslocamento do jogador com a posse de bola, mantendo-a próxima ao corpo e protegendo-a do adversário.

- IMPORTÂNCIA

A importância da condução está na possibilidade de manter a bola sob seu controle nos deslocamentos em todas as direções da quadra, facilitando o drible, o chute e a obtenção do gol.

• ASPECTOS PEDAGÓGICOS PARA A CONDUÇÃO

Manter a cabeça elevada para se obter ampla visão da quadra, adversários e companheiros de equipe;

Manter a bola próxima ao corpo durante o deslocamento, possibilitando sua proteção e melhores situações de drible, passe e chute;

Quando nas laterais da quadra, conduzir a bola sempre do lado externo, ou seja, mantê-la entre o condutor e a linha lateral.

• CLASSIFICAÇÃO DA CONDUÇÃO

1. Em relação à trajetória:

Retilínea

Sinuosa

2. Em relação à execução:

Face interna do pé

Sola do pé

Face externa do pé

6.5. PASSE DE BOLA

• DEFINIÇÃO

O passe é o ato de enviar a bola diretamente ao companheiro ou lançá-la em um espaço vazio da quadra que será posteriormente ocupado por um companheiro de equipe.

• IMPORTÂNCIA

O passe possibilita a manutenção da posse de bola, relacionando-se diretamente com a configuração de um gol a favor e evitando sofrer um gol contra.

Por meio do passe pode-se praticar o jogo coletivo, a progressão das jogadas e sua execução facilitará o aprendizado do chute, pois o gesto motor é semelhante.

Sem a execução do passe fica difícil o desenvolvimento do jogo de futsal, pois o dinamismo da modalidade é intenso.

- ASPECTOS PEDAGÓGICOS PARA O PASSE

Manter a cabeça erguida possibilitando a visão do jogo necessária para melhor precisão, intenção e objetivo ao passar a bola;

Os braços devem ficar ligeiramente afastados do tronco, auxiliando no equilíbrio;

O pé de apoio deve ficar próximo da bola, facilitando o equilíbrio e a força aplicada do pé que tocará a bola.

- CLASSIFICAÇÃO DOS PASSES

1. Em relação à distância

- Curtos: até 4 metros 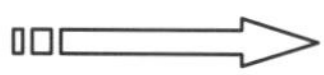
- Médios: de 4 a 10 metros 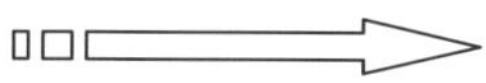
- Longos: acima de 10 metros 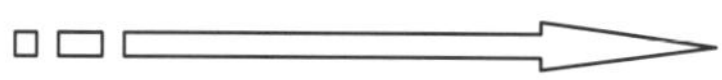

2. Em relação à trajetória

- Rasteiro 
- Meia-altura 
- Parabólico 
- Alto 

3. Em relação à execução

Face interna

Face externa

Anterior (bico)

Anteroposterior (cobertura)

Solado

Dorso (peito do pé)

4. Em relação ao espaço de jogo

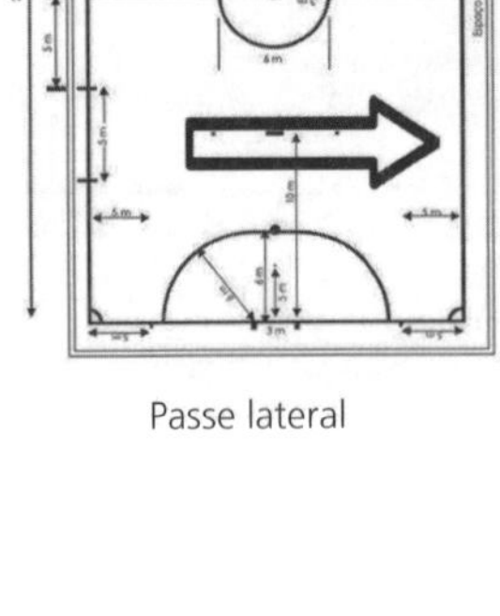

Passe lateral

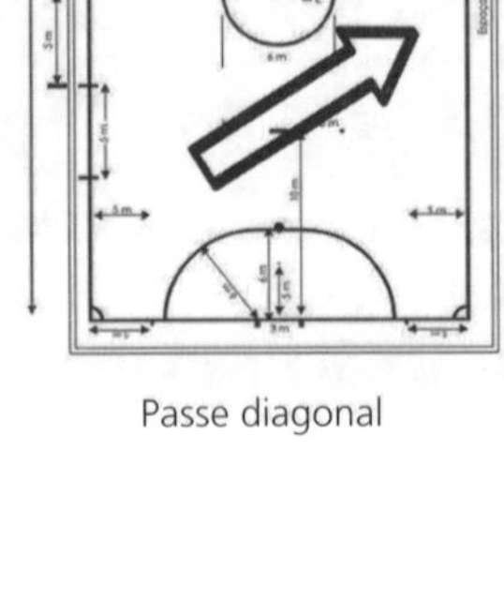

Passe diagonal

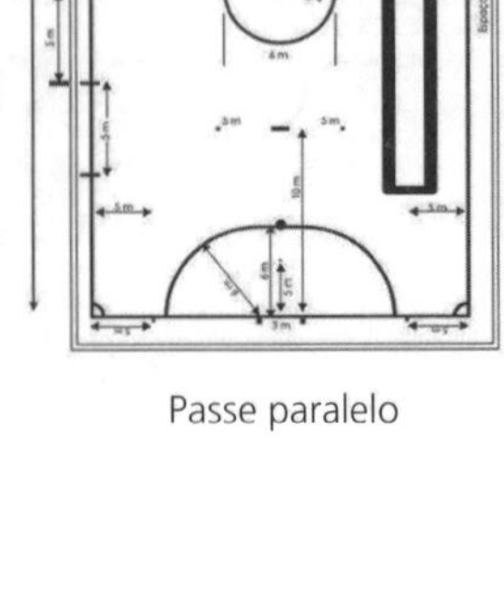

Passe paralelo

5. Passes de habilidade

Coxa

Peito

Cabeça

Calcanhar

Além desses, são considerados passes de habilidade o passe de ombro e o parabólico.

6.6. CHUTE

• DEFINIÇÃO

O chute é a ação de golpear a bola com um dos pés. No futebol/futsal, o senso comum estabelece como chute o golpe na bola tendo como objetivo a meta adversária, ou seja, para a obtenção do gol.

Mas, para alguns estudiosos, o chute pode também ser defensivo, quando o objetivo é impedir as ações do ataque.

- IMPORTÂNCIA

A maior importância do chute está na possibilidade da conversão em gol, após uma série de execução de outros fundamentos no jogo. O chute é a finalização de uma jogada, a conclusão para a obtenção do tento.

Muito se fala a respeito da importância de se manter a posse de bola combinada com a conclusão à meta adversária, pois apenas a posse de bola não garante a vitória no jogo de futebol/futsal.

- ASPECTOS PEDAGÓGICOS PARA O CHUTE

O pé de apoio deve posicionar-se de modo a permitir o equilíbrio necessário para a precisão do chute.

A parte do pé que chuta ao tocar na bola deve ser definida de acordo com a situação e o posicionamento no campo de jogo; em determinados momentos toca-se com o bico, parte interna ou externa, ou ainda o dorso (peito) do pé.

Por ser um fundamento de finalização, é essencial que a biomecânica do movimento seja realizada da melhor forma possível: posição do joelho da perna que chuta – (fletido para impulsão da perna); posicionamento do corpo e da cabeça no momento do chute em equilíbrio; na corrida para a bola o corpo deve estar ligeiramente inclinado à frente; o pé deve ser levantado para trás e para cima; o pé que chuta deve estar contraído, porém a musculatura da perna deve estar descontraída; o movimento de trazer o pé para bater na bola deve ser explosivo; após o impacto na bola, o movimento deve continuar, completando um semicírculo.

- CLASSIFICAÇÃO DO CHUTE

1. Em relação à trajetória

- Rasteiro;
- Meia-altura;
- Parabólico (cavado por cobertura);
- Alto.

2. Em relação à execução

- Simples: anterior (bico), dorso do pé (peito do pé) e parte interna do pé;

- Bate-pronto: chute desferido com o dorso do pé, parte externa e interna. Neste tipo de chute o jogador golpeia a bola sem recepcioná-la;
- Voleio: dorso do pé. Tipo de chute em que o jogador golpeia a bola no alto, ficando com todo o corpo paralelo ao solo;
- Cobertura: parte anterossuperior do pé.

Diferentemente do passe, que tem como objetivo fazer com que um companheiro faça a recepção da bola, no chute ofensivo, a ação de golpear a bola tem como principal objetivo entrar na meta adversária sem que ninguém faça a intercepção da bola.

6.7. DRIBLE

- DEFINIÇÃO

O drible é a ação do jogador com a posse de bola de ultrapassar, ludibriando o adversário, em um movimento que exige uma combinação de recursos, tais como: equilíbrio, velocidade, agilidade, coordenação, ritmo, orientação espacial e criatividade.

- IMPORTÂNCIA

Uma das maiores vantagens na aplicação do drible é a possibilidade de colocar, momentaneamente, a equipe em vantagem numérica em determinada ação ofensiva. Após o drible outros fundamentos podem ser aplicados, tais como a condução, o passe ou o chute, colocando em perigo a defesa adversária.

- ASPECTOS PEDAGÓGICOS PARA O DRIBLE

Deve haver o completo domínio da bola, mantendo-a em seu raio de ação;

Para a execução do movimento do drible é necessário o desenvolvimento das capacidades físicas de agilidade, flexibilidade e velocidade de deslocamento e de reação, entre as principais;

Um jogador com habilidades para o drible deve possuir o domínio sobre as demais técnicas individuais, principalmente da condução, passe e chute.

- CLASSIFICAÇÃO DO DRIBLE

1. Quanto ao objetivo

- o Ofensivo: tem como objetivo a progressão em direção à meta adversária para obtenção do gol;
- o Defensivo: tem como objetivo a manutenção da posse de bola em segurança, quando o placar está favorável à equipe.

2. Quanto ao tipo

- o Dribles simples: "puxadinhas" e saídas laterais, realizados com parte interna, externa e solado dos pés;
- o Dribles complexos: geralmente associados a uma finta com o corpo;
- o Dribles clássicos: chapéu, elástico, drible "da vaca", bola entre as pernas.

- QUANDO UTILIZAR O DRIBLE

É difícil dizer com precisão quais os momentos ideais para a utilização do drible. No Brasil ele faz parte da cultura, da maneira de se jogar futebol/futsal. Muitas vezes o drible é tão ovacionado pela torcida quanto o gol obtido. Mas mesmo com essa característica é possível identificar momentos durante uma partida em que o drible é mais necessário:

- o Ofensivo
  - – No contra-ataque quando houver a situação de um atacante contra um defensor;
  - – No ataque quando não houver opção de passe por parte do jogador atacante;

– No ataque, quando a defesa adversária encontra-se bem posicionada, o drible é um recurso para desestabilizá-la.

o Defensivo

– Para manter a posse de bola quando o placar está favorável;

– Para sair jogando da defesa, quando o jogador tiver cobertura no sistema defensivo.

6.8. FINTA

• DEFINIÇÃO

A finta é a ação executada pelo jogador sem a posse de bola, utilizada para ultrapassar o adversário.

• IMPORTÂNCIA

A grande vantagem da finta é que pode ser utilizada em várias situações do jogo (receber um passe, auxiliar um drible ou até mesmo para a marcação) e por vários jogadores ao mesmo tempo.

• ASPECTOS PEDAGÓGICOS PARA A FINTA

A finta exige o desenvolvimento da orientação espacial e temporal, além da consciência corporal e sinestésica;

Ao fintar, deve-se considerar a agilidade, a velocidade e a coordenação dos movimentos.

• CLASSIFICAÇÃO DA FINTA

o Ofensiva: quando a equipe está com a posse de bola e um dos seus jogadores tem por objetivo desmarcar-se do adversário para receber a bola.

- o Defensiva: quando a equipe está sem a posse de bola e o jogador ameaça "encurtar" a marcação, dificultando a linha de passe ou quando aproxima-se do atacante, ameaçando retirar a bola de seu controle.

6.9. CABECEIO

- DEFINIÇÃO

É o ato de golpear a bola com a cabeça.

- IMPORTÂNCIA

No futebol e no futsal a cabeça, além dos pés, é largamente utilizada para golpear a bola. Com exceção do goleiro, que também pode utilizar-se das mãos, os demais jogadores ficam restritos, principalmente, ao uso dos pés e da cabeça para golpear a bola, seja ofensiva, defensivamente ou para efetuar um passe.

No futsal a regra permite o lançamento da bola pelo goleiro de sua área de meta para a área contrária, o que possibilita situações constantes de cabeceio, tanto por parte do ataque como da defesa.

- ASPECTOS PEDAGÓGICOS PARA O CABECEIO

O cabeceio deve ocorrer com os olhos abertos para melhor visualização da jogada.

A bola deve ser golpeada com a parte anteroposterior da cabeça, ou seja, a testa.

O desenvolvimento da potência muscular para o salto, do equilíbrio de recuperação, da flexibilidade e da força, além da orientação espacial e temporal, é essencial para um bom cabeceio.

A consciência corporal e sinestésica também são fatores preponderantes para o cabeceio.

O cabeceio envolve a movimentação de todo o corpo, as pernas para o salto, o tronco e os braços ligeiramente afastados para auxiliar no equilíbrio e na força empregada, além, é óbvio, do pescoço e da cabeça, diretamente envolvidos no movimento.

- CLASSIFICAÇÃO DO CABECEIO
  - Ofensivo: quando há o objetivo da obtenção do gol. O cabeceio é dado em direção à meta adversária;
  - Defensivo: quando o maior objetivo é impulsionar a bola do seu campo defensivo, afastando-a de sua área de meta;
  - Passe: o cabeceio também é muito utilizado como forma de enviar a bola para um companheiro de equipe.

7 Barbosa, Emerson Leão, Rogério Ceni e os fundamentos técnicos do goleiro de futsal

7.1. DE BARBOSA A ROGÉRIO CENI, A MUDANÇA NO CONCEITO DO GOLEIRO

Há alguns anos a posição de goleiro nos jogos de futebol estava destinada àqueles que não possuíam habilidade motora para jogar na linha. Em muitas oportunidades, nas "peladas" realizadas entre crianças, jovens e adultos, era necessário fazer um "rodízio" para ver quem iria para o gol, em muitos casos não havia um goleiro fixo, caso a equipe marcasse ou sofresse um tento, trocava-se o arqueiro.

Com suas roupas, sempre sóbrias, nas cores predominantemente preta ou cinza, os goleiros profissionais habituavam-se a ser simples coadjuvantes: quando suas equipes venciam, a eles cabia apenas a obrigação por terem realizado grandes defesas, e quando saiam derrotados, quase sempre eram os grandes responsáveis pelo fracasso da equipe.

De Barbosa, passando por Leão, até chegarmos a Rogério Ceni, acompanhamos nos últimos sessenta anos enorme mudança em relação ao conceito de "ser goleiro".

O goleiro Barbosa da seleção brasileira de futebol na Copa de 1950 sintetiza muito bem essa pecha negativa atribuída aos goleiros, pois na derrota do Brasil na final contra o Uruguai por 2 a 1 foi responsabilizado pelo fracasso da equipe. Tal fato o acompanhou durante toda a vida, causando-lhe imensa mágoa. Cabe aqui uma ressalva, as derrotas da seleção sempre foram atribuídas a um ou outro atleta, como no caso da Copa de 50, encobrindo os erros dos dirigentes e da própria imprensa, como diz em versos Claudio Aragão, 2002:

... saiu a concentração do Joá para São Januário,
a atenção começava a despertar
visitantes, políticos, penetras
Flávio Costa sem conseguir treinar
Como eu disse, era o clima já ganhou
Pro Uruguai esqueceram de avisar...
Os jornais não cansavam de insuflar
Com manchetes prá quebrar o moral
Do Uruguai e levantar o Brasil
Pelas ruas alaridos geral
"Hoje é dia de sermos campeões!
Uruguai vai brincar o carnaval!
Salve o Brasil, o campeão do mundo!...

Desculpe-me o leitor, mas é impossível deixar passar a oportunidade, não apenas para defender o goleiro Barbosa, mas para prestar o reconhecimento para uma seleção vice-campeã mundial, tão injustamente conhecida como fraca, sem personalidade, e outras denominações pejorativas incorporadas ao longo da história. Como este capítulo trata de goleiros, na década de 50 tínhamos nada mais, nada menos, além de Barbosa, Castilho, seu reserva na seleção, Oberdan Catani no Palmeiras e Caxambu, na Portuguesa de Desportos.

Voltemos à questão dos goleiros...

Com a evolução dos sistemas táticos, da dinâmica do jogo, e da própria exposição televisiva do futebol, o conceito de "ser goleiro" também foi alterado. Dois nomes foram importantes e auxiliaram para quebrar esse paradigma: Emerson Leão e Rogério Ceni.

Leão defendeu o Brasil em quatro Copas do mundo, 1970, 1974, 1978 e 1982. Além de excelente goleiro, exercia grande liderança nas equipes pelas quais passou. Ficou conhecido por suas fortes opiniões sobre diferentes assuntos, e talvez tenha sido o pioneiro para uma mudança que se consolidou com Rogério Ceni. O goleiro do São Paulo conquistou os títulos de todos os torneios pelos quais disputou: campeonato paulista, brasileiro, sul-americano e mundial.

Rogério Ceni, assim como Leão, liderou sua equipe e inovou ao mostrar-se exímio cobrador de faltas e penalidades máximas, sendo o recordista mundial em número de gols convertidos por um goleiro. Com suas camisas coloridas, que muitas vezes homenageavam antigos ídolos, luvas e chuteiras personalizadas, Rogério Ceni tornou-se ídolo, não apenas dos torcedores são-paulinos, mas também de todo garoto, que logo se aventurava a ser goleiro. Muita coisa mudou de Barbosa até os dias atuais, ser goleiro deixou de ser sinônimo de "perna de pau" e passou a incorporar conceitos de liderança e personalidade forte, contando, muitas vezes, com a "tarja de capitão", sendo porta-voz da equipe e contando, inclusive, com um treinador específico para melhorar sua performance.

Ao restringir o uso das mãos, ao goleiro nos dias de hoje não compete apenas defender "debaixo dos três paus", mas também ter habilidades com os pés para recepcionar uma bola e dar sequência ao jogo, com um passe ou lançamento longo.

No futsal essa necessidade se mostra mais premente, pois as regras permitem sua participação na linha, fazendo parte das ações ofensivas da equipe, exigindo-lhe habilidades também nos fundamentos de jogador de linha: recepção, passe e chute, principalmente.

7.2. OS FATORES QUE INFLUENCIAM OS FUNDAMENTOS TÉCNICOS INDIVIDUAIS NO FUTSAL

Assim como nos fundamentos técnicos dos jogadores de linhas, alguns fatores também influenciam na formação e no desempenho dos fundamentos técnicos do goleiro:

7.2.1. OS FATORES EXTRÍNSECOS

Os estímulos ambientais, as experiências e oportunidades da prática, as condições e as situações do jogo influenciam sobremaneira a forma como são realizados os fundamentos técnicos do goleiro. No futsal, as regras permitem ao goleiro fazer parte das ações ofensivas, tornando necessário o desenvolvimento das habilidades com os pés. Ao goleiro "não é permitido falhar", cabendo-lhe um treinamento intensivo e exaustivo.

7.2.2. OS FATORES INTRÍNSECOS

As características físicas hereditárias mais exigidas para o goleiro são: flexibilidade, velocidade de reação, coordenação e agilidade, podendo ser melhoradas ou não, dependendo do treinamento. Ao goleiro também é necessária uma ótima visão periférica, o que possibilita acompanhar o movimento da bola e dos jogadores.

7.3. OS FUNDAMENTOS TÉCNICOS DO GOLEIRO NO FUTSAL

Como já vimos, o goleiro é o único jogador que tem a vantagem de usar as mãos e os pés durante o jogo de futsal. Os fundamentos a serem trabalhados são:

- Posicionamento;
- Deslocamento;
- Pegadas;
- Quedas;
- Defesas baixas e defesas altas;
- Lançamento;
- Saída do gol;
- Jogo de quadra;
- Espalmada.

7.4. POSICIONAMENTO DO GOLEIRO

- DEFINIÇÃO

O posicionamento é o fundamento básico para o goleiro. Podemos comparar o posicionamento do goleiro com a posição de expectativa no voleibol, ou seja, preparar o jogador para recepcionar prontamente a bola.

- IMPORTÂNCIA

O posicionamento adequado permite maior equilíbrio, facilitando o deslocamento, a concentração e a velocidade de reação para as defesas.

Com o goleiro bem posicionado, diminuem os ângulos de chute do atacante.

- ASPECTOS PEDAGÓGICOS DO POSICIONAMENTO

Os pés devem ficar ligeiramente afastados, na linha dos ombros e um pouco à frente da linha do gol. Os braços e pernas, ligeiramente flexionados, e as mãos um pouco abaixo da linha da cintura. Os olhos devem acompanhar a bola e os movimentos dos jogadores adversários (visão periférica).

- CLASSIFICAÇÃO DO POSICIONAMENTO

O posicionamento pode ser frontal ou lateral.

Frontal

Lateral

7.5. DESLOCAMENTO DO GOLEIRO

- DEFINIÇÃO

O deslocamento é a ação do goleiro se mover de acordo com a movimentação da bola, preparando-se melhor para realizar a defesa.

- IMPORTÂNCIA

O deslocamento proporciona ao goleiro um melhor posicionamento, evitando muitas vezes saltos desnecessários para a defesa.

- ASPECTOS PEDAGÓGICOS DO DESLOCAMENTO

O deslocamento deve ser realizado a partir do posicionamento básico, deve ser realizado lateralmente, sem cruzar os pés e sem encostar um pé no outro.

Para facilitar a defesa, o deslocamento deve ser feito na ponta dos pés, facilitando o desequilíbrio do corpo para uma possível defesa.

A coordenação do movimento no deslocamento proporciona uma melhor impulsão realizada com a perna do lado contrário ao do deslocamento.

Ao deslocar-se de um lado para o outro, o goleiro deve procurar tocar a trave com uma das mãos para auxiliar na localização.

7.6. PEGADA OU EMPUNHADURA

• DEFINIÇÃO

A pegada pode ser definida como a posição correta das mãos ao entrar em contato com a bola, possibilitando exercer as ações de defesa da bola quando chutada pelo adversário nos diferentes planos (rasteira, baixa, média e alta).

• IMPORTÂNCIA

Uma boa empunhadura facilita, além da defesa, a reposição da bola em jogo, auxiliando o lançamento do goleiro.

• ASPECTOS PEDAGÓGICOS DA PEGADA OU EMPUNHADURA

As mãos são as primeiras partes do corpo que tocam na bola; após a pegada, outra parte do corpo deve servir como "barreira", evitando a passagem da bola.

É importante a movimentação do goleiro, principalmente das pernas e dos braços, o que facilita uma boa empunhadura.

Após a pegada, a bola deve ser levada para próximo ao corpo, independentemente de ser uma pegada de bola rasteira, baixa, média ou alta.

- CLASSIFICAÇÃO DA EMPUNHADURA

A pegada classifica-se de acordo com a altura da bola, a saber:

- **Alta:** Os polegares ficam voltados para dentro, com as mãos em forma de concha.

- **Média:** Os braços ficam unidos ligeiramente à frente na altura do tronco.

- **Baixa:** Os polegares são voltados para fora, com a bola abaixo da linha da cintura.

- **Rasteira:** As pernas são flexionadas e o joelho deve encostar-se ao calcanhar da perna oposta, formando uma barreira para evitar que a bola entre no gol, caso ultrapasse as mãos do goleiro.

EM TODOS OS TIPOS DE DEFESA, APÓS A PEGADA, A BOLA DEVE SER LEVADA PRÓXIMA AO TRONCO, FINALIZANDO A DEFESA EM MAIOR SEGURANÇA.

7.7. DEFESAS BAIXAS E DEFESAS ALTAS

- DEFINIÇÃO DE DEFESAS BAIXAS

São todas as defesas realizadas em que a bola esteja abaixo da linha da cintura.

- CLASSIFICAÇÃO DAS DEFESAS BAIXAS

As defesas baixas classificam-se em:

1. Quedas laterais;
2. Encaixadas de bola;
3. Utilização dos pés.

Quedas laterais

Encaixadas de bola

Utilização dos pés

- ASPECTOS PEDAGÓGICOS PARA DEFESAS BAIXAS

  - **Quedas laterais:** Para a realização das defesas abaixo da linha da cintura com quedas laterais, o goleiro deve flexionar a perna do lado da defesa e na queda tocar o solo com a perna, coxa e por último o quadril.
  - **Encaixadas de bola:** Ao realizar a pegada da bola, aproximá-la do tronco. O pé da perna flexionada toca o calcanhar da perna oposta.
  - **Utilização dos pés:** Recurso utilizado para defesas de chutes deferidos de curta distância, ou quando o goleiro está em deslocamento ou desequilibrado. Ex.: cobrança de penalidade máxima em que o goleiro se desloca para um dos lados e a bola é chutada no meio do gol; o goleiro estende as pernas, defendendo a bola com o pé.

- DEFINIÇÃO DE DEFESAS ALTAS

São todas as defesas realizadas em que a bola esteja acima da linha da cintura.

- CLASSIFICAÇÃO DAS DEFESAS ALTAS

As defesas altas classificam-se em:

1. Acima da cabeça;
2. Na altura do peito.

Acima da cabeça

Na altura do peito

• ASPECTOS PEDAGÓGICOS PARA AS DEFESAS ALTAS

O corpo deve estar posicionado de forma equilibrada com as pernas afastadas.

A empunhadura deve possibilitar a aproximação da bola junto ao tronco e pronta reposição, caso necessário.

7.8. QUEDAS

• DEFINIÇÃO

Caída do goleiro ao chão *após realizar* a defesa (bolas altas) ou *para realizar* a defesa (bolas baixas)

• CLASSIFICAÇÃO E ASPECTOS PEDAGÓGICOS DAS QUEDAS

- **Defesa baixa com queda – bola rasteira:** O corpo posiciona-se lateralmente no chão e os braços são estendidos "acima da cabeça".

- **Defesa baixa com queda – bola na altura dos joelhos:** Flexão da perna que está do lado da bola; após pegada, deve haver a aproximação desta ao tronco; tocar no solo perna, coxa e quadril, em sequência.

- **Defesa alta – bola acima da cabeça:** A impulsão para salto é realizada com a perna de apoio, que será a primeira a tocar o solo na queda: primeiro a perna, segundo a coxa e por último o quadril. O corpo tem uma extensão total. Caso não consiga o encaixe da bola, espalmar com a mão contrária a perna de impulsão.

7.9. ESPALMAR

- DEFINIÇÃO

O espalmar ou a espalmada é o toque dado com a palma da mão ou a ponta dos dedos na bola, sem a intenção de segurá-la ou rebatê-la para frente, e sim com o objetivo de enviá-la à linha de fundo.

• IMPORTÂNCIA

Recurso utilizado em chutes mais fortes e altos, desviando sua trajetória para a linha de fundo.

Ao goleiro cabe avaliar seu posicionamento e o efeito da bola que impossibilitam a pegada com firmeza, cabendo a espalmada.

• ASPECTOS PEDAGÓGICOS DA ESPALMADA

O braço deve estar estendido para realizar o toque, que é feito com a palma da mão e as primeiras articulações dos dedos, tendo o cuidado para não deixar a bola rebater para frente.

7.10. LANÇAMENTO

• DEFINIÇÃO

Pode ser considerado o "passe" realizado pelo goleiro para os companheiros, sendo realizado no futsal com as mãos, e raramente com os pés.

• IMPORTÂNCIA

Para reposição da bola em jogo no arremesso de meta ou para dar continuidade ao jogo após a defesa, o lançamento deve ser preciso, rápido e seguro, possibilitando a posse de bola para a equipe, além de construir uma jogada e propiciar um contra-ataque.

• CLASSIFICAÇÃO DO LANÇAMENTO

Os lançamentos classificam-se em:

1. Rasteiro (boliche);
2. Ombro;
3. Peito.

Rasteiro (boliche)

Para distâncias curtas

Ombro

Para distâncias maiores

Peito

Para saída rápida

- ASPECTOS PEDAGÓGICOS DO LANÇAMENTO

- o **Rasteiro:** A bola é segura com uma das mãos na altura entre quadril e joelho, com perna oposta à frente e rolamento em forma de boliche.
- o **Ombro:** A bola é segura com uma das mãos na altura da cabeça, com perna oposta à frente. O goleiro faz uma rotação do tronco no momento do lançamento, empregando maior força e direção.
- o **Peito:** Após a defesa do goleiro, a bola é segura com as duas mãos na altura do peito, sendo lançada em parábola sobre o adversário para reposição rápida na construção de um contra-ataque.

7.11. SAÍDA DO GOL

- DEFINIÇÃO

A saída do gol é a ação do goleiro deixar a proximidade da trave, preparando-se para uma defesa. Pode ocorrer dentro ou fora da área de meta.

• IMPORTÂNCIA

Ocorre com frequência devido à dinâmica do jogo de futsal.

• CLASSIFICAÇÃO E ASPECTOS PEDAGÓGICOS DAS SAÍDAS DO GOL

- **Saída do gol "dentro da área":** Movimentação do goleiro realizada dentro da área de meta para "fechar" o ângulo de arremate do adversário. Movimento realizado em duas etapas: a princípio estende os braços para cima e posteriormente, abaixa os braços e flexiona as pernas preparando-se para a defesa.

1ª etapa

2ª etapa

- **Saída do gol na lateral da área:** Movimentação do goleiro para a lateral.

- **Saída do gol "fora" da área:** Movimentação do goleiro realizada fora da área de meta para com os pés definir o lance rapidamente.

7.12. JOGO DE QUADRA

- DEFINIÇÃO

O jogo de quadra é definido pela atuação do goleiro fora da área, tornando-se o 5º jogador da linha e participando das ações ofensivas da sua equipe.

- IMPORTÂNCIA

A saída do goleiro para fazer parte do jogo na linha deixará a equipe em superioridade numérica em relação ao adversário, possibilitando jogadas ensaiadas que podem resultar em gol.

- ASPECTOS PEDAGÓGICOS PARA O JOGO DE QUADRA

O goleiro deve ter noção dos fundamentos técnicos dos jogadores de linha, principalmente recepção, passe e chute.

É importante o desenvolvimento da orientação espacial para melhor noção de localização do goleiro na quadra.

8 Movimentações táticas

8.1. O QUE É MAIS IMPORTANTE PARA A VITÓRIA: A TÉCNICA OU A TÁTICA?

É impossível abordarmos a tática no jogo de futsal e de futebol sem levantar uma velha discussão:

O QUE É MAIS IMPORTANTE PARA A VITÓRIA DE UMA EQUIPE: A CAPACIDADE TÉCNICA INDIVIDUAL DOS JOGADORES OU O POSICIONAMENTO TÁTICO COLETIVO DA EQUIPE?

Essa discussão remonta os tempos desde que o futebol foi organizado nas escolas inglesas a partir de 1863 e começou a ser jogado de maneira muito próxima dos dias atuais. Para ser mais exato, Claudio Aragão, 2002, refere-se ao "esquema" na prática do *haspartum*, na antiga Roma:

À poderosa Roma me refiro
Ao criar um esporte similar
Com esquema preestabelecido
de haspartum *passaram a chamar*
Assim como outros jogos do passado
Era outro exercício militar
Se a um grupo cabia defender
Outro grupo entrava para atacar...

No Brasil, vários técnicos de clubes e de seleções já obtiveram sucesso e fracasso, priorizando um ou outro conceito; portanto, a discussão sobre o assunto está longe de terminar.

Acreditamos que o ideal para o sucesso de uma equipe está na soma entre:

- A técnica individual dos jogadores;
- O respeito às características do futebol brasileiro; e
- A formação tática coletiva adequada que priorize e utilize essas técnicas individuais, dentro das características do nosso futebol.

No capítulo anterior abordamos as características do futebol brasileiro e as técnicas individuais dos jogadores de futsal. Neste capítulo cabe o conhecimento sobre os conceitos teóricos básicos da formação tática do futsal.

8.2. ENTRANDO NO "MUNDO TÁTICO"

Para melhor entendimento das questões táticas, vamos primeiramente relacionar os conteúdos essenciais pertinentes ao conteúdo tático, para posteriormente nos aprofundarmos no assunto:

8.2.1. As definições de tática, sistemas, manobras e padrões ou rodízios;
8.2.2. As posições do futsal;

8.2.3. Fatores que influenciam na tática do jogo;
8.2.4. As movimentações ofensivas;
8.2.5. As movimentações defensivas.

8.2.1. AS DEFINIÇÕES DE SISTEMA, MANOBRA, TÁTICA E PADRÃO DE JOGO OU RODÍZIOS

Como em todas as atividades organizadas, o futsal também possui sua própria linguagem, ou seja, termos próprios utilizados por jogadores e técnicos, que fazem parte de seu dia a dia. De forma ordenada, os termos mais comuns são:

- SISTEMA

Ao entrarem na quadra, os jogadores assumem determinadas posições, distribuindo-se no espaço de jogo, de maneira a ocupar de forma organizada todos os setores da quadra. Os sistemas podem ser defensivos ou ofensivos.

- o Os sistemas de ataque são: 2×2, 2×1×1, 1×2×1, 4×0, 3×1, 1×3 e 3×2 (variação do 2×2 com o goleiro linha);
- o Os sistemas de defesa são: Marcação por Zona, Individual e Mista.

- MANOBRA

A partir do momento que o jogo inicia, os jogadores movimentam-se com o objetivo de consignar tentos (passes, infiltrações, deslocamentos) ou defender-se (coberturas, antecipações). Assim, temos as manobras ofensivas e defensivas, individuais ou coletivas, com e sem bola.

- TÁTICA

Essa movimentação deve ocorrer de forma organizada, aplicando-se a partir de um sistema predeterminado e de suas várias manobras, tendo como objetivo combinar o jogo de ataque e defesa.

• PADRÃO DE JOGO OU RODÍZIO

Com o treinamento e a repetição dessas movimentações que a equipe executa com a posse de bola dentro de cada sistema de jogo, ocorre a manutenção da posse de bola, possibilitando as ações para obtenção do gol.

8.2.2. AS POSIÇÕES DO FUTSAL

• GOLEIRO

Um dos principais jogadores da equipe, sendo o único que pode utilizar as mãos (dentro da área de meta) e os pés.

Com a alteração da regra que permite sua participação fora da área de meta, além de impedir o gol, pode assumir funções importantes de jogador de linha.

• FIXO

Tem funções principalmente defensivas, mas devido à dinâmica do futsal também deve participar das manobras ofensivas:

- Funções ofensivas: Organizar saída de bola da defesa para o ataque, abrindo espaços na defesa adversária chegando como elemento-surpresa no ataque;
- Funções defensivas: Manter-se como "último jogador da defesa", orientando os companheiros na marcação e realizando as coberturas quando necessário;
- Posicionamento básico: o centro de sua meia-quadra defensiva.

• ALA/LATERAL

Apesar de todos os jogadores terem que se movimentar constantemente, os alas são os que mais se movimentam durante o jogo.

Sua movimentação é responsável pela construção das jogadas.

Deve atacar e defender.

Posicionamento básico: na lateral, com infiltrações pela diagonal, principalmente de caráter ofensivo.

- PIVÔ

Jogador com características ofensivas, muitas vezes responsável pela finalização. Os pivôs têm dois posicionamentos básicos:

- o Pivô como referência: posiciona-se no meio da quadra ofensiva, sendo o maior responsável pela distribuição das jogadas para os companheiros que se aproximam;
- o Pivô "abrindo" nas alas: desloca-se para as laterais ofensivas abrindo espaços para a penetração dos companheiros de equipe.

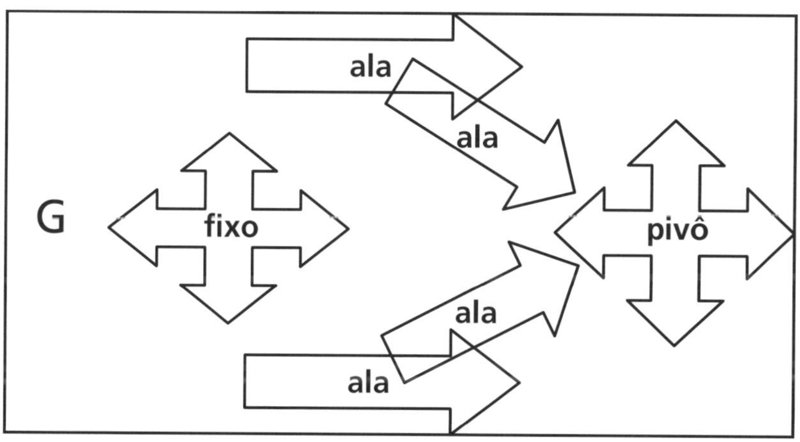

CABE RESSALTAR QUE O FUTSAL MODERNO EXIGE A CONSTANTE MOVIMENTAÇÃO POR PARTE DE TODOS OS JOGADORES DA EQUIPE, EXIGINDO QUE O ATLETA EXECUTE TODAS AS FUNÇÕES.

8.2.3. FATORES QUE INFLUENCIAM NA TÁTICA DO JOGO

Assim como os fundamentos técnicos individuais sofrem influência de fatores intrínsecos e extrínsecos, a colocação de determinada tática durante uma partida também sofre influência dos seguintes fatores:

- **Posicionamento tático e condições técnicas e físicas da própria equipe e da equipe adversária:** A equipe possui boa saída da defesa para o ataque? Possui jogadores habilidosos? Marca a partir de que ponto da quadra?
- **Aspectos psicológicos das duas equipes:** A quem favorece o resultado? Quais os últimos resultados das equipes?
- **Situações durante a partida:** Como estão as equipes em relação a cartões e número de faltas? Qual o placar e o tempo de jogo?
- **Dimensões da quadra:** De acordo com a regra, a quadra de jogo será um retângulo tendo um comprimento mínimo de 25 metros e máximo de 42 metros e a largura mínima de 15 metros e máxima de 25 metros. Essa variação possibilita o jogo em quadras pequenas, médias e grandes, tal fator influencia nas movimentações das equipes.
- **Regras e regulamento:** As equipes jogam de acordo com as regras e os regulamentos do campeonato, ou seja, os técnicos utilizam o que é permitido para elaborar movimentações ofensivas e defensivas. Ex.: saída do goleiro para jogar na linha.

8.2.4. AS MOVIMENTAÇÕES OFENSIVAS

A equipe com a posse de bola realiza várias ações individuais ou coletivas com o objetivo de chegar ao gol do adversário.

De acordo com Saad e Costa, 2005, as movimentações ofensivas são divididas em:

- Movimentos ofensivos básicos (paralela, diagonal, ginga e vai e volta);
- Sistemas de jogo (ofensivos e defensivos);
- Padrões de jogo (padrão de 3, padrão de 4, padrão circular, troca de ala e pivô, padrão 1×2×2 com o goleiro);
- Movimentações ensaiadas;
- Contra-ataque.

MOVIMENTOS OFENSIVOS BÁSICOS

São as movimentações simples envolvendo dois ou três jogadores de linha, para sair da defesa para o ataque. Devem ser treinadas para que os jogadores as realizem de maneira automática durante o jogo:

1. Paralela;
2. Diagonal;
3. Ginga;
4. Vai e volta.

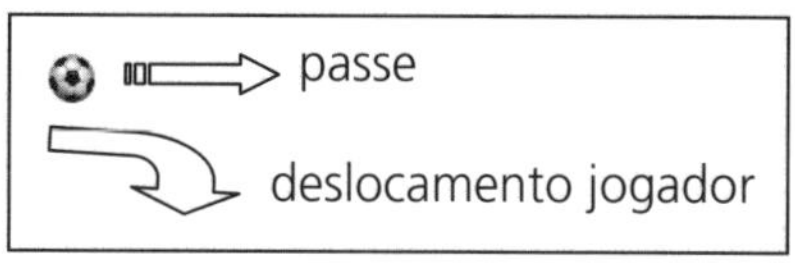

O PARALELA

O jogador inicia a jogada com a posse da bola, após realizar o passe corre em direção ao meio da quadra, mudando de direção para o mesmo lado para onde foi a bola. O nome "paralela" é dado em função da trajetória da bola que é paralela à linha lateral da quadra.

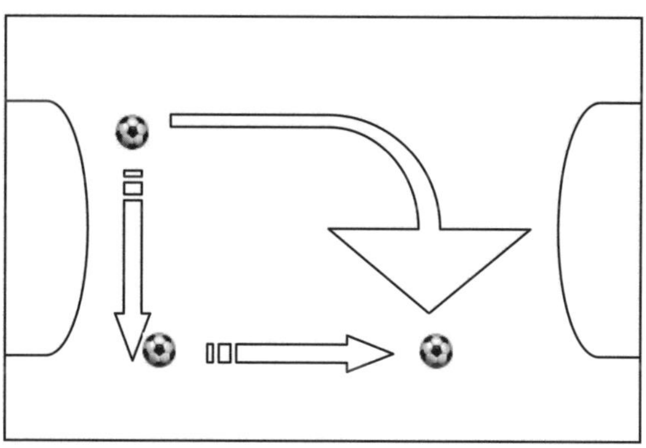

o DIAGONAL

O jogador inicia a jogada com a posse da bola, após realizar o passe corre em direção ao meio da quadra, mudando de direção para o lado oposto da bola. O nome "diagonal" é dado em função da trajetória da bola.

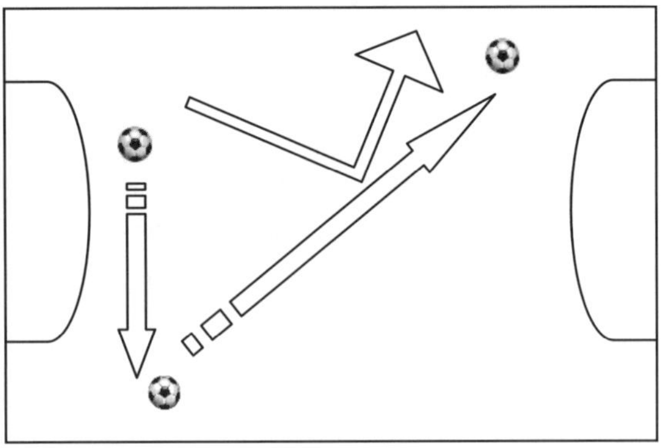

o GINGA

O jogador na lateral, sem a posse de bola, corre até o meio e volta para receber a bola do fixo. Movimento básico para todos os jogadores de futsal, também conhecido como "meio do caminho", "passe de tempo" ou "passe na curta". O jogador, após gingar e voltar, recebe a bola e executa o passe para o pivô.

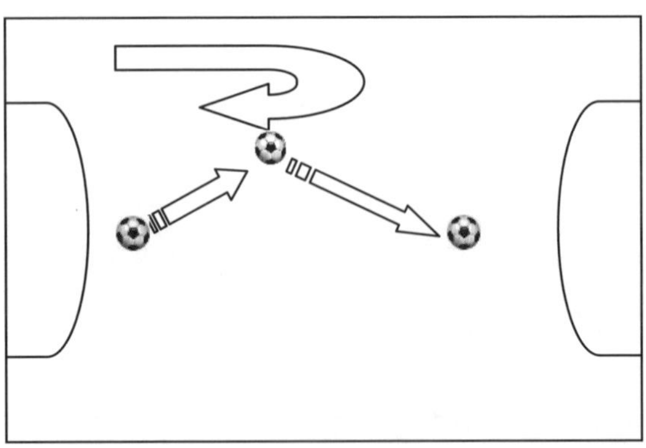

o VAI E VOLTA

Jogador na lateral com posse de bola realiza o passe para o fixo, corre em diagonal e muda de direção para receber a bola de volta na mesma lateral.

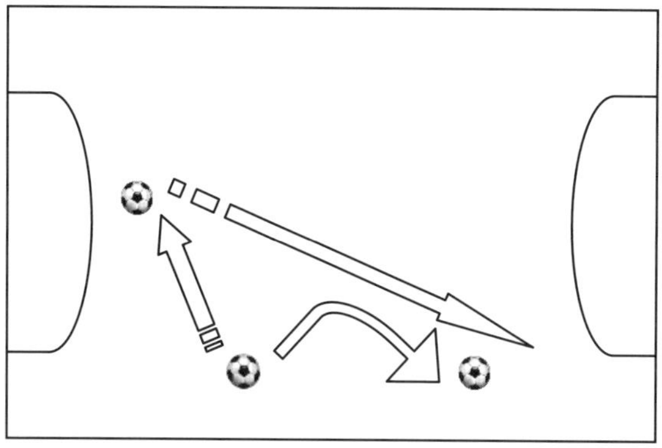

SISTEMA DE JOGO

> *[...] é a maneira de distribuir os jogadores na quadra, ou, simplesmente, o posicionamento dos jogadores.* (VOSER, 2003)

> *A colocação dos jogadores em quadra com o objetivo de anular as manobras ofensivas da equipe adversária (defender) e confundir seus dispositivos defensivos para a realização do gol (atacar).* (MUTTI, 1994)

- SISTEMA 2×2

o Também conhecido como "caixote", foi o sistema pioneiro a ser aplicado no futebol de salão (década de 50).

o Dois jogadores posicionam-se na defesa e dois no ataque.

o Bastante utilizado na iniciação pelo maior equilíbrio que proporciona entre a defesa e o ataque.

- O sistema 2×2 pode ser utilizado quando a equipe adversária estiver em inferioridade numérica.
- Existem algumas variações do sistema 2×2, conforme ilustração da figura abaixo.

Posicionamento básico

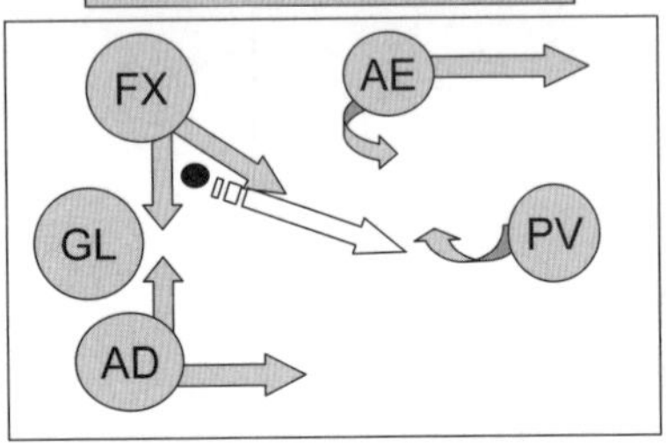

Posicionamento em "retângulo"

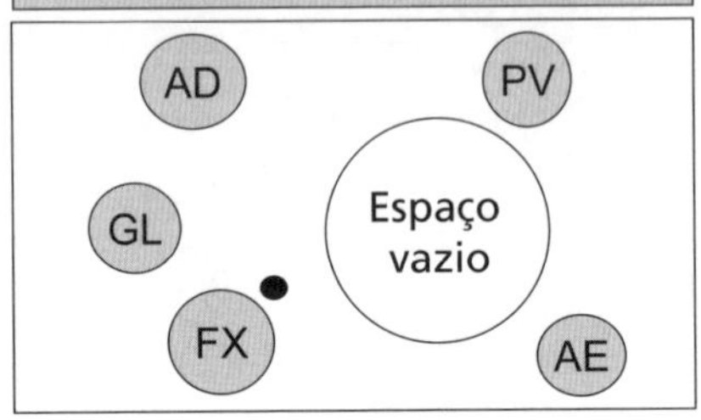

Posicionamento em "Y"

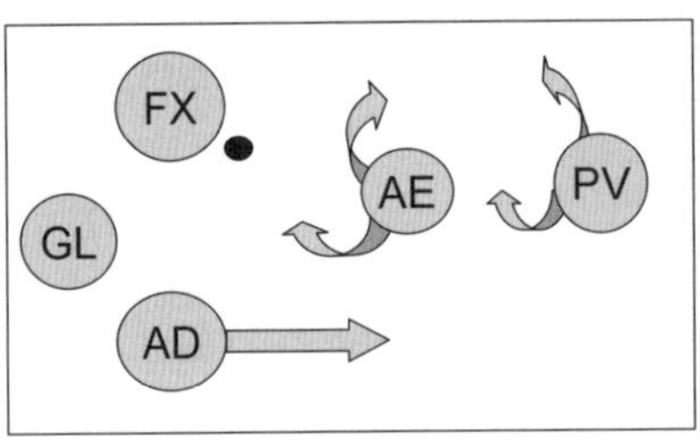

Posicionamento em "L"

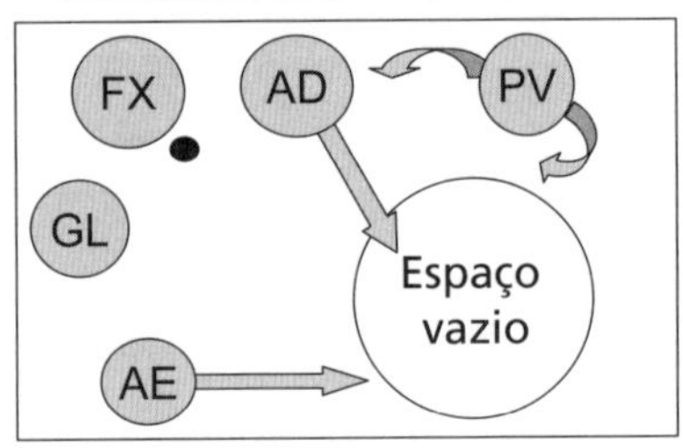

- SISTEMA 2×1×1

- Pode ser considerado como uma variação do sistema 2×2.
- Muito utilizado contra uma marcação sob pressão do adversário, por abrir muito espaço para movimentações e troca de posições.
- Consiste em ter 2 jogadores na defesa e próximos à sua área de meta, 1 próximo ao meio da quadra e outro movimentando-se na quadra de ataque.
- Permite mudança de sistema conforme ilustração a seguir.

2×1×1

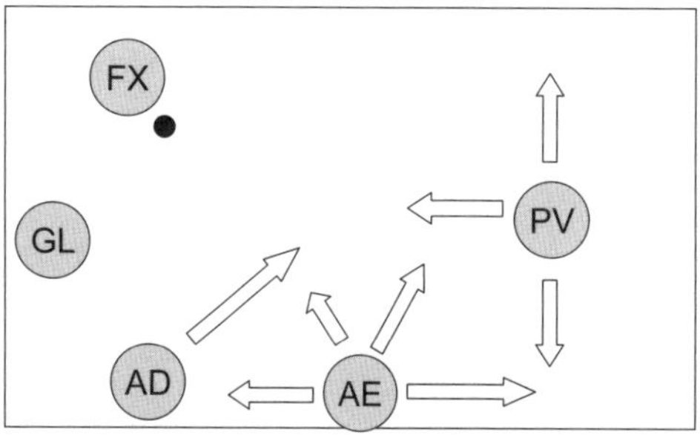

Variação para 2×2

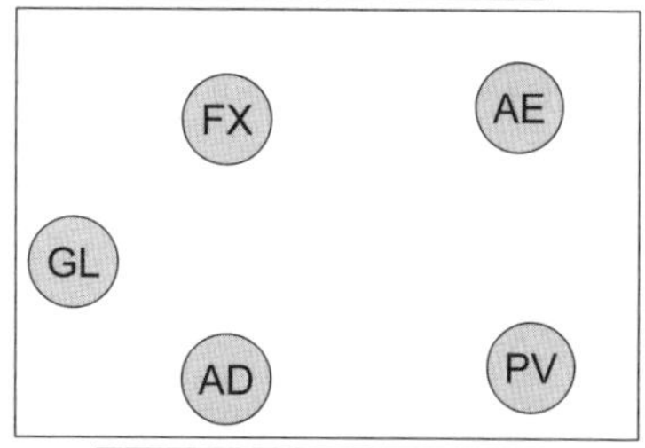

Variação para 3×1

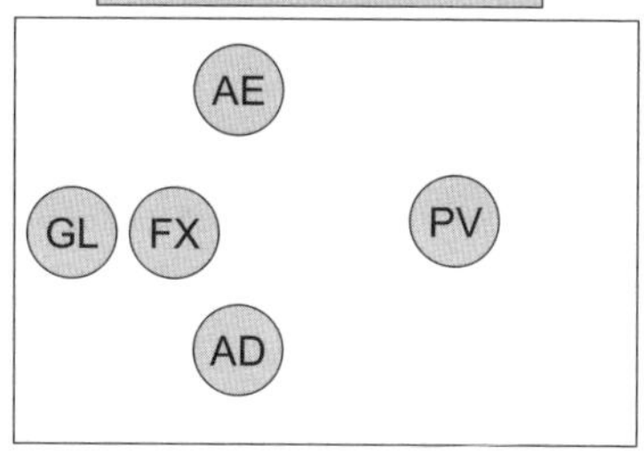

- SISTEMA 3×1

  - Sistema muito utilizado no futsal por permitir a movimentação por parte dos jogadores na saída de bola da defesa para o ataque.
  - Devido à intensa movimentação proporcionada pelo sistema 3×1, há necessidade de maior preparo físico e melhor técnica dos jogadores.
  - Propicia as armações ofensivas, cobertura e balanço defensivo.
  - O pivô pode posicionar-se como referência no centro da quadra ofensiva para receber e distribuir a bola aos companheiros que aproximam-se, ou "cair" para a lateral, abrindo espaços para infiltrações "de quem vem de trás".

Sistema 3×1 e pivô como referência

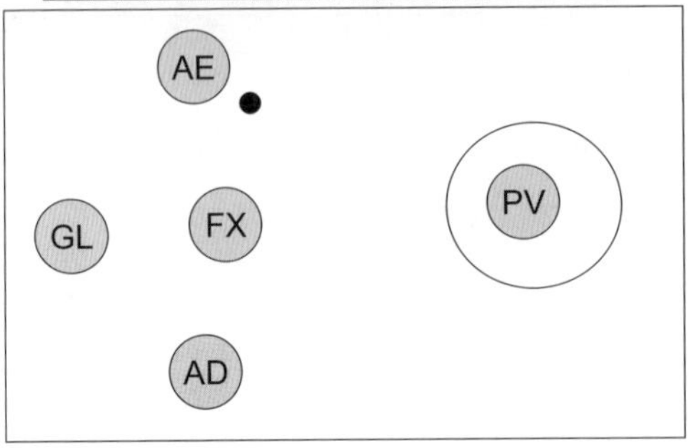

Objetivo: a bola deve chegar no pivô a fim de que ele faça a "escora" para os jogadores de trás chutarem ao gol.

Sistema 3×1 e pivô na ala

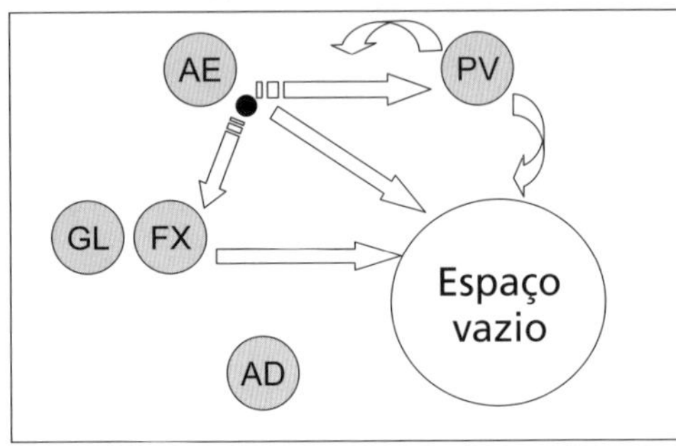

Objetivo: abrir espaço para infiltrações, iniciar um rodízio, buscar uma tabela, permitir a entrada do pivô na quadra de defesa para o posicionamento 4×0 (quatro em linha).

- SISTEMA 1×2×2, 3×2, 2×3 OU 5×0

- Sistema que utiliza o "goleiro linha", considerado uma variação do sistema 2×2 com o goleiro auxiliando na organização;
- Utilizado, principalmente: quando equipe adversária faz a marcação recuada na quadra de defesa ou for fraca na marcação, quando equipe atacante estiver em desvantagem no placar;
- É necessário um goleiro com habilidade para recepção, passes e chute, em algumas situações trocando-se o goleiro por um jogador de linha;
- Em algumas situações o sistema 3×2 transforma-se em 2×3.

Vantagens:

- Ter 5 contra 4 no ataque; manter a posse de bola; proporcionar maior desgaste do adversário na marcação.

Desvantagens:

- Desgaste maior do goleiro e deixar defesa mais desprotegida em caso de perda da posse de bola.

Observações:

- Em quadras grandes: utilização do goleiro mais para troca de passes;
- Em quadras pequenas: o goleiro deve ter bom chute para finalizações;
- Deve ser observado o posicionamento da defesa adversária para verificar finalização com goleiro ou passe para jogadores próximos à linha de fundo.

3×2 com goleiro no centro/ala contra marcação com 2 jogadores à frente

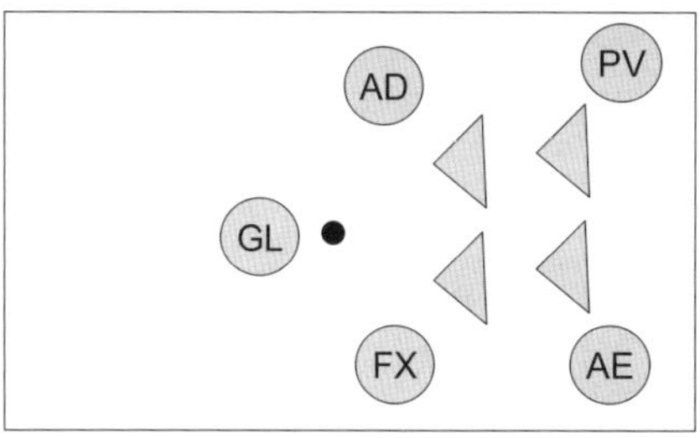

O jogador do meio fica com maiores chances de finalização.

3×2 com goleiro no centro/ala contra marcação com 3 jogadores à frente

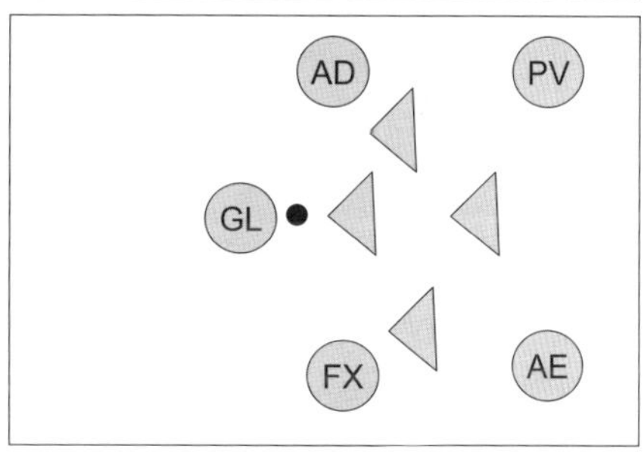

Dificuldade para o goleiro chutar, mas os dois jogadores no fundo ficam com maiores chances de receber a bola.

- SISTEMA 1×3

- Neste sistema, 3 jogadores posicionam-se na quadra ofensiva e 1 sai com a bola dominada, tendo bastante espaço para tentar o drible. É arriscado, pois se perderem a bola não têm cobertura.

- Utilizado quando a equipe com a posse de bola estiver em desvantagem no marcador e possui jogador habilidoso para tentar o drible; também quando o adversário estiver com alto número de faltas acumuladas.
- Atualmente as equipes preferem utilizar a vantagem obtida com o goleiro na linha a arriscar com esse tipo de sistema que deixa a defesa sem cobertura em caso de perda de bola.
- Existem duas possibilidades de posicionamento, conforme ilustração abaixo:

1×3 em linha no fundo da quadra

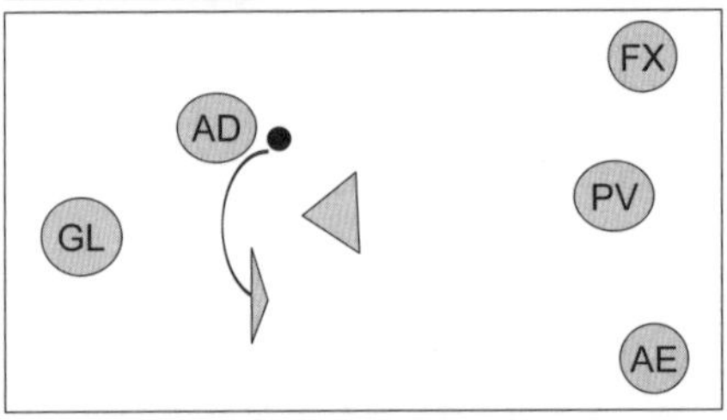

1×3 em coluna, liberando o centro e uma ala

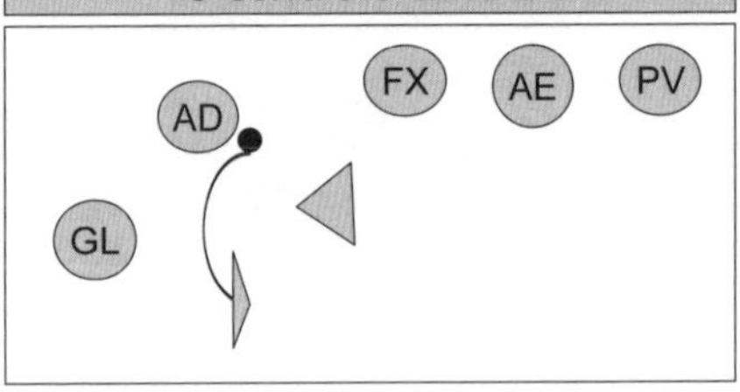

1×3 em coluna com bloqueio, liberando o centro e uma ala

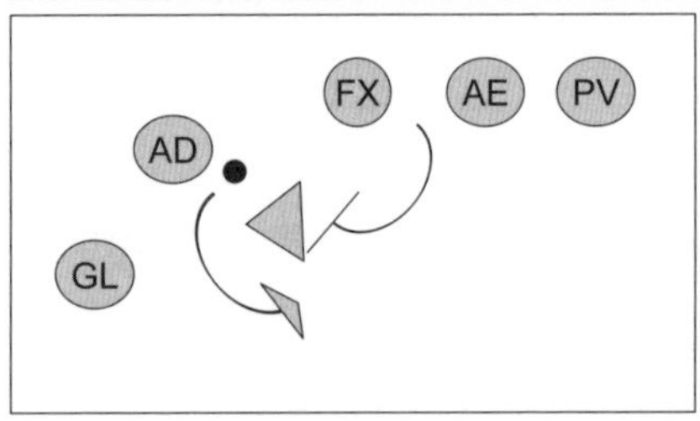

- SISTEMA 4×0

- A atual dinâmica do futsal exige maior versatilidade dos jogadores. O sistema 4X0 tem seu posicionamento inicial formado por 4 jogadores em linha na quadra de defesa.
- A versatilidade dos atletas propicia o aproveitamento do espaço disponível na quadra para movimentações de todos.

- Essa movimentação exige grande preparo físico, pois esse sistema é mais bem aplicado em quadras grandes contra equipes que exercem uma marcação pressão, pois basta um movimento rápido para que o jogador do ataque se desloque nas costas dos adversários.
- Por todas essas características, esse sistema é indicado para equipes bem treinadas física e tecnicamente.

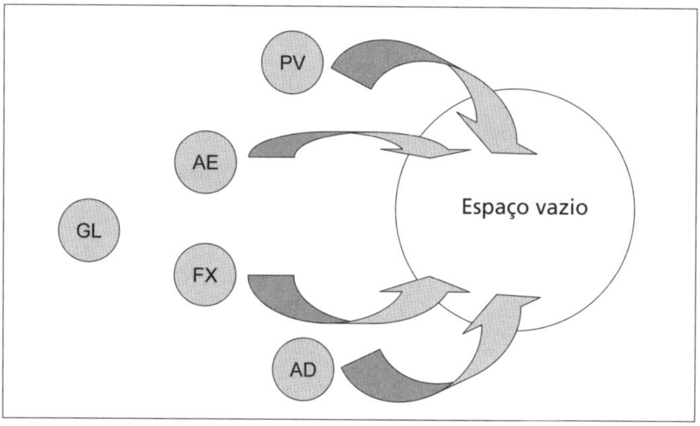

PADRÕES DE JOGO OU RODÍZIOS

Os treinamentos possibilitam repetir as movimentações com a posse de bola a partir de cada sistema de jogo, mantendo a posse de bola e levando a defesa adversária a uma "acomodação" na marcação. Ao surgir a oportunidade há uma "quebra" desse padrão, ou seja, uma troca de passe diferente da que vinha sendo realizada acontece, possibilitando a finalização ao gol.

Para o treinamento dos padrões de jogo é necessária boa técnica para recepção, condução e passe, além de bom preparo físico para manter a movimentação dos jogadores.

Os padrões de movimentos considerados básicos para uma equipe são:

- Padrão de 3;
- Padrão de 4;

- Padrão circular ou redondo;
- Padrão de troca de alas com o pivô;
- Padrão 1×2×2 com o goleiro.

- PADRÃO DE 3

Padrão partindo do sistema 3×1, o "padrão de 3" envolve, como o próprio nome diz, três jogadores da equipe. A bola inicia com o fixo no meio que passa ao ala e troca de posição com ele, deslocando-se por trás do companheiro. O ala, ao receber a bola, desloca-se e passa ao outro ala, e assim sucessivamente.

O deslocamento dos três jogadores é similar ao número "oito".

Passe

Deslocamento do jogador

G = goleiro
F = fixo
Ad = ala direito
Ae = ala esquerdo
P = pivô

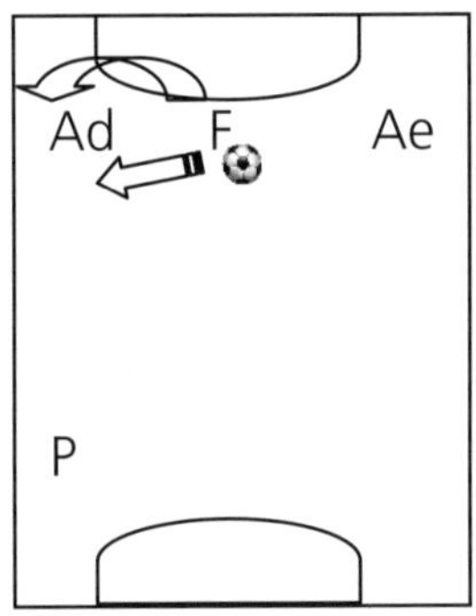

○ PADRÃO DE 3 PELA FRENTE

Movimentação parecida com a anterior, diferenciando na movimentação do jogador que, após o passe, desloca-se pela frente, e não por trás do companheiro. O deslocamento pela frente possibilita um bloqueio no marcador do ala, que terá maior liberdade para dar prosseguimento à jogada.

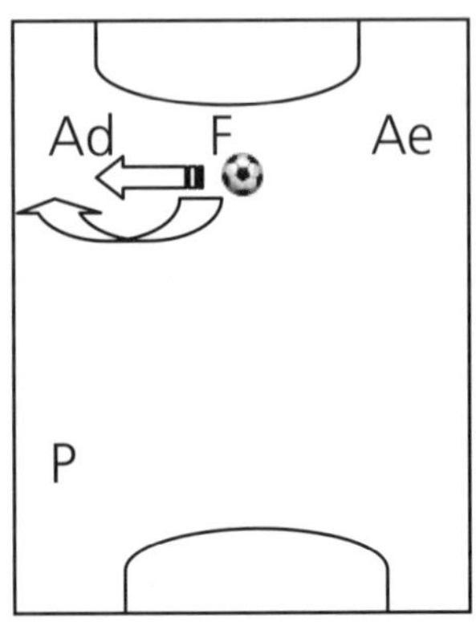

• PADRÃO DE 4

Movimentação com a participação dos quatro jogadores de linha da equipe, podendo ser utilizada a partir do sistema 2×2 e 3×1. Exige ótima recepção e precisão no passe. Deve haver uma sincronia e concentração para realizar as movimentações.

o PADRÃO DE 4 PELO MEIO

Partindo do sistema 2×2 o fixo de posse de bola executa um passe para o ala esquerdo na lateral, deslocando-se em diagonal pelo meio para a quadra de ataque e trocando de posição com o ala direito que estava no ataque.

A troca de passes e deslocamentos continua até que surja a oportunidade de uma "quebra de padrão".

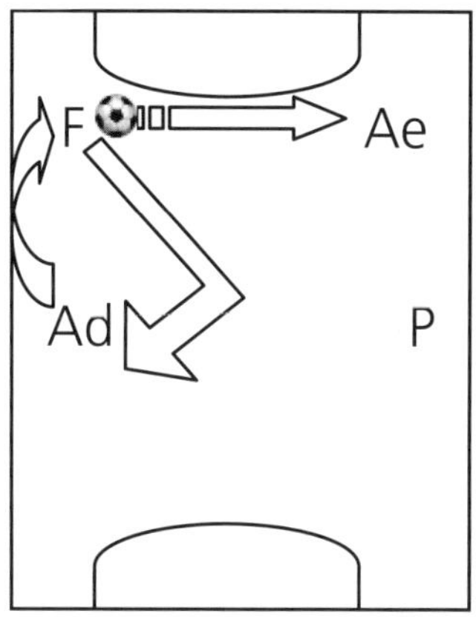

o PADRÃO DE 4 PELAS ALAS

A partir do sistema 2×2, a movimentação é parecida com a anterior, diferenciando o deslocamento do jogador que sai da defesa para trocar de posição com o companheiro do ataque. O deslocamento não é realizado em diagonal pelo meio da quadra e sim pela lateral.

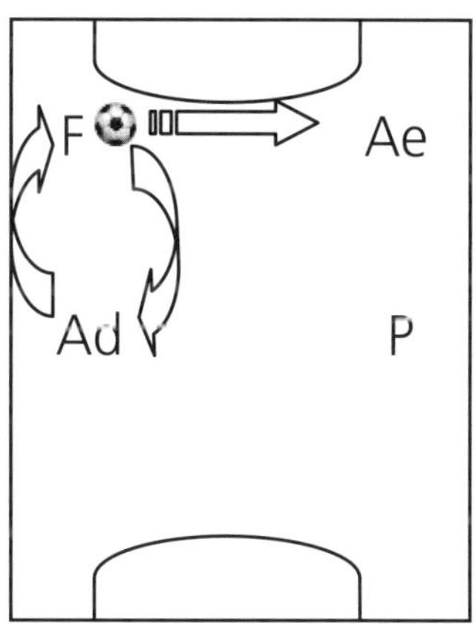

• PADRÃO DE 4 A PARTIR DO SISTEMA 3×1 (PIVÔ ABERTO NA LATERAL)

a) O fixo, ao centro com a bola, passa para o ala direito e corre para a frente em diagonal, indo para a lateral esquerda no ataque (oposta à ocupada pelo pivô). O pivô volta para a defesa, ocupando a posição livre do ala que conduziu a bola;
b) O ala direito, em posse de bola, conduz até o centro e passa para o ala esquerdo, correndo para a frente e ocupando a lateral direita do ataque. E assim sucessivamente.

a)

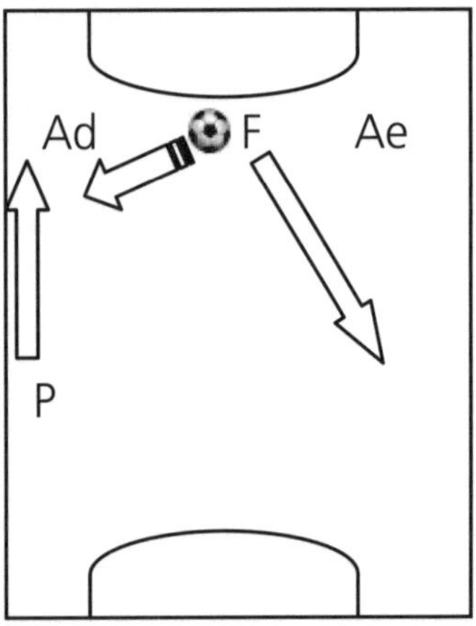

b)

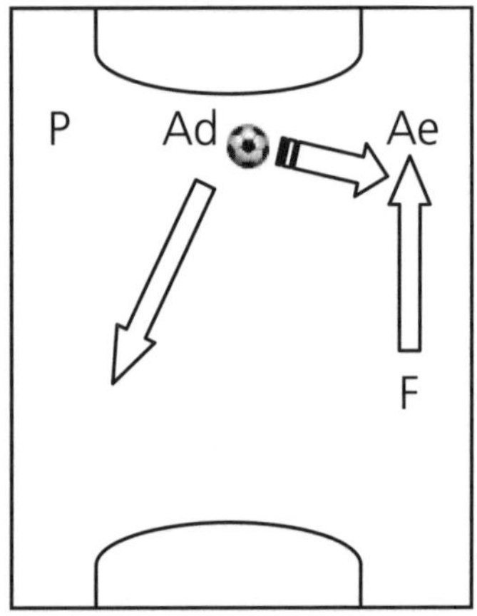

• PADRÃO CIRCULAR OU REDONDO

Características:

- Esse rodízio a partir do sistema 3×1 exige sincronia, elevada técnica individual e ótimo preparo físico, pois o movimento circular dos jogadores determina uma troca constante de posição entre a defesa e o ataque.
- Pode ser executado pelos dois lados da quadra, dependendo da perna de passe e chute dos jogadores.

Movimentação:

a) A bola inicia com o ala direito na lateral da quadra, ao realizar o passe para o fixo posicionado ao centro e à frente da área há o deslocamento circular por parte de toda a equipe;
b) Após receber a bola, o fixo desloca-se para a lateral direita que ficou vazia e faz o passe para a ala esquerda, reiniciando a movimentação circular.

a)

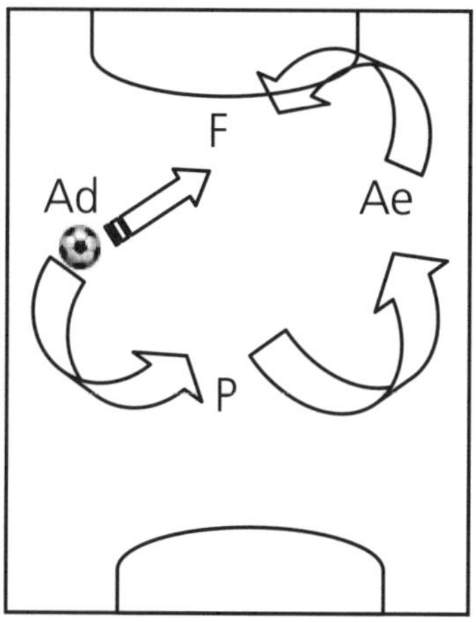

b)

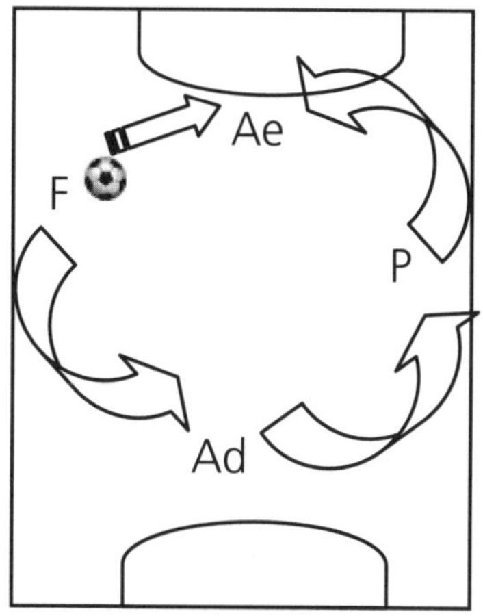

- PADRÃO COM TROCA DE ALA COM O PIVÔ

Movimentação a partir do sistema 3×1, com participação dos dois alas e do pivô. O fixo fica na posição central da quadra defensiva e não muda de lugar.

a) A bola inicia com um dos alas que, ao realizar o passe para o fixo, troca de posição como pivô;
b) Ao receber a bola, o fixo realiza um passe para o outro ala, este devolve ao fixo e troca de posição com o jogador que está na posição de pivô, e assim sucessivamente.

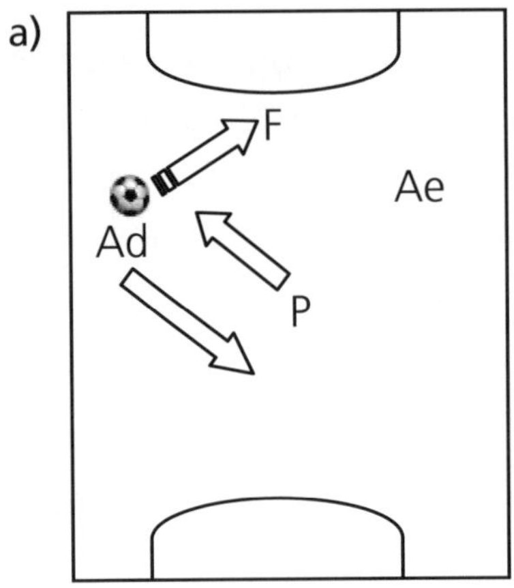

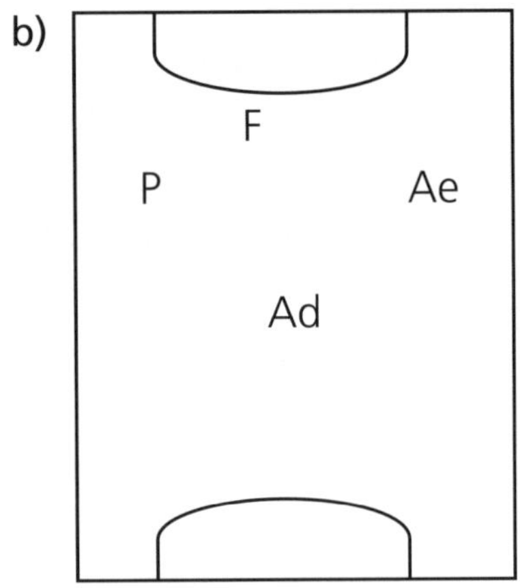

- PADRÃO 1×2×2 COM O GOLEIRO

Consiste na troca de passes entre os jogadores de linha com o goleiro.

a) O fixo realiza o passe para o goleiro e troca de posição com o ala correspondente;

b) O goleiro realiza o passe para o ala do lado oposto, recebe de volta enquanto o ala e o pivô trocam de posição.

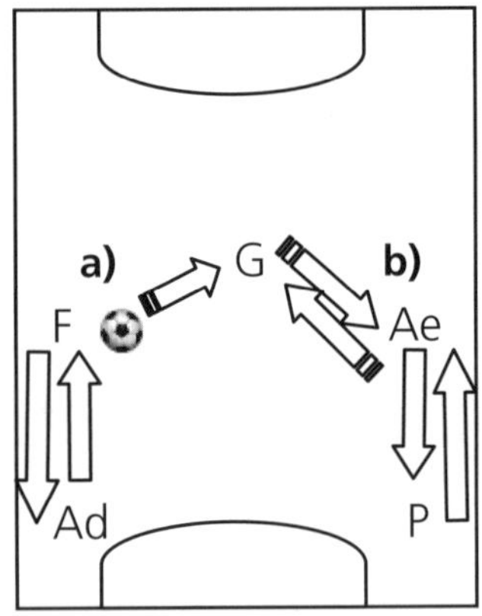

OS JOGADORES QUE TROCAM PASSE COM O GOLEIRO DEVEM FICAR APÓS A LINHA DO MEIO DA QUADRA PARA EVITAR RECUO IRREGULAR.

MOVIMENTAÇÕES ENSAIADAS: JOGADAS OU MANOBRAS ENSAIADAS

As jogadas ensaiadas devem ser treinadas até que haja a automatização por parte dos jogadores. São importantes em algumas situações durante a partida:

- Movimentações ensaiadas com o goleiro;
- Movimentações ensaiadas de bola parada;
- Início ou reinício de jogo: lateral/falta/tiro de canto.

CONTRA-ATAQUE

O contra-ataque é uma maneira de atacar em que dois aspectos são fundamentais:

- Velocidade na saída de bola da defesa para o ataque;
- Superioridade numérica de atacantes em relação a defensores.

O contra-ataque pode se originar de duas formas:

- Com lançamento rápido do goleiro, após defesa ou arremesso de meta;
- A equipe realiza a marcação na quadra defensiva, readquire a posse de bola e sai rápido da defesa para o ataque.

8.2.5. AS MOVIMENTAÇÕES DEFENSIVAS

Durante muitos anos o jogador de futebol no Brasil teve como uma de suas principais características a de "jogar com a bola nos pés", ou seja, quando sua equipe tinha a posse de bola ele participava ativamente do jogo, mas quando precisava readquirir sua posse faltava-lhe dedicação e concentração para tal.

Com a mudança na preparação física, mas principalmente na mentalidade e conscientização, nossos atletas passaram a jogar também "sem bola", cumprindo as exigências técnicas e táticas para a marcação.

No futsal a marcação torna-se imperiosa, a dinâmica do jogo não permite que apenas parte da equipe se volte para readquirir a posse de bola, e para que isto ocorra de maneira eficiente deve-se treinar as técnicas individuais e as movimentações coletivas.

MARCAÇÃO

- DEFINIÇÃO

A marcação é a ação realizada individual ou coletivamente pela equipe que está sem a posse da bola, com objetivo de impedir que o adversário receba ou progrida com ela pelo campo de jogo.

- IMPORTÂNCIA

A importância da marcação está diretamente relacionada à possibilidade em readquirir, o mais rápido possível, a posse de bola, evitando a obtenção do gol por parte do adversário e até possibilitando um contra-ataque para a equipe.

- ASPECTOS PEDAGÓGICOS PARA A MARCAÇÃO

o O marcador deve posicionar-se sempre entre o atacante e sua meta.
o Nas laterais, o marcador deve fechar o meio da quadra e "oferecer a linha lateral" ao atacante.
o O marcador deve identificar no atacante sua perna de preferência para finalização, "fechando" o ângulo do chute.
o Visão periférica para acompanhar movimentação do jogador e da bola, independente do sistema de marcação.
o A marcação pode ser dividida em dois estágios:

1. Aproximação (marcação passiva): Ação do marcador ao se aproximar do atacante, cercando-o, buscando equilibrar-se para efetuar a abordagem;

Aproximação (marcação passiva)

2. Abordagem (marcação ativa): Ação de efetivamente tentar adquirir a posse de bola.

- ESTRATÉGIAS UTILIZADAS NA MARCAÇÃO

- Antecipação: Movimentação do jogador de defesa com objetivo de interceptar a bola antes de esta chegar ao atacante adversário.

Antecipação

- Cobertura: quando a equipe sem a posse de bola forma uma segunda linha de marcação atrás de um companheiro que está marcando um adversário.

Cobertura

Podemos destacar 3 tipos de marcação: marcação individual ou homem a homem; marcação por zona ou setor; e marcação mista.

A escolha do sistema defensivo a ser utilizado por uma equipe depende das características dos seus jogadores; da técnica individual, do preparo físico e do sistema tático utilizado pelo adversário; além da situação do jogo.

É importante trabalhar todas as variações existentes para que possam ser utilizadas durante o jogo, dependendo das situações apresentadas.

MARCAÇÃO INDIVIDUAL

- DEFINIÇÃO

Têm como principal característica cada jogador de defesa marcar um jogador adversário predeterminado, por toda a quadra de jogo, isto é, o defensor desloca-se com o adversário por onde ele for. Não há uma preocupação direta com a bola.

- INDICAÇÃO

  - Contra equipes de pouca condição técnica e com pouca movimentação, para forçá-la ao erro.
  - Recomendada para equipes iniciantes, por ser mais fácil o entendimento.
  - Quando em desvantagem no placar, para tentar readquirir o mais rápido possível a posse de bola.

- DESVANTAGENS

  - Dificulta a cobertura.
  - Possibilita o adversário a realizar o bloqueio.
  - Causa grande desgaste físico por parte da equipe que efetua a marcação.

As formas mais utilizadas da marcação individual são:

- **Pressão total:** Caracteriza-se pelo avanço dos defensores na área 3 da figura a seguir.
- **Meia-pressão:** Os defensores marcam individualmente a partir da área 2 intermediária. O jogador atacante com a bola pode ser marcado na área 3.

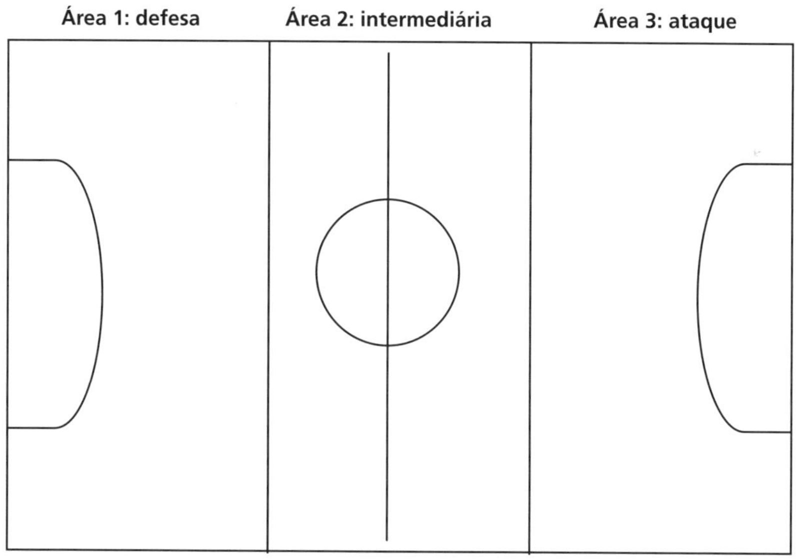

MARCAÇÃO POR ZONA OU SETOR

- DEFINIÇÃO

Cada jogador ocupa determinada zona/setor da quadra, independentemente das movimentações dos adversários. Neste tipo de marcação, a atenção da defesa é em relação à movimentação da bola.

- INDICAÇÃO

  - Para evitar desgaste físico da defesa, pois cada jogador permanece em determinado setor.

- o Quando a equipe adversária é muito rápida e com técnica apurada, com dificuldade para a defesa acompanhá-la individualmente.
- o Quando o placar está favorável à equipe defensora.
- o Propicia o contra-ataque, em caso de "intercepção" de bola.
- o Bloqueia as linhas de passe do ataque adversário e facilita a cobertura.

- DESVANTAGENS

- o Necessita de muito treinamento para sincronia na movimentação.
- o Possibilita ao adversário a utilização de mais de um jogador em um setor.
- o Propicia o chute do ataque à curta distância.

A marcação por zona sempre é realizada entre a área 1 (de defesa) e 2 (intermediária). Exemplos de marcação por zona: quadrado, losango e o Y ou funil.

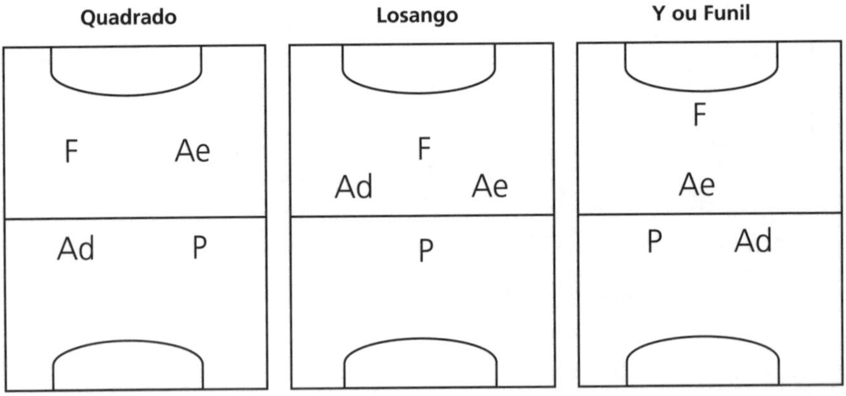

- **Quadrado ou 2×2:** Marcação utilizada contra equipes que jogam no sistema 2x2 ou 4x0.
- **Losango ou 3×1:** Marcação utilizada contra equipes que utilizam o sistema 3×1 ou 3×2.
- **Defesa em Y:** Marcação utilizada contra equipes no sistema 3×1 e que realizam manobras com o pivô, sobretudo com passes aéreos.

A MARCAÇÃO POR ZONA DEVE ACOMPANHAR O DESLOCAMENTO DA BOLA. A EQUIPE DEVE SER TREINADA PARA OBTER UMA SINCRONIA DESEJADA PARA A MOVIMENTAÇÃO QUE "FECHE" AS LINHAS DE PASSE E POSSIBILITE AS COBERTURAS.

MARCAÇÃO MISTA

- DEFINIÇÃO

Tipo de marcação bastante utilizada no futsal de alto nível por exigir coordenação nos movimentos realizados pelos defensores. Na marcação por zona há uma variação entre a marcação por zona e a marcação individual, por exemplo, um defensor marca individualmente determinado jogador adversário, enquanto os demais marcam por zona. Em algumas situações ocorre uma troca de marcadores em determinados setores da quadra.

- INDICAÇÃO

  - Quando a equipe adversária possui um jogador com grande habilidade que precisa ser marcado individualmente.
  - Para minimizar desgaste físico da equipe defensora.
  - Para facilitar o sistema de cobertura.

- DESVANTAGENS

  - Proporciona grande desgaste físico para o jogador que realiza a marcação individual.
  - Contraindicado para iniciantes, pela complexidade na execução.
  - A falta de sincronia pode ocasionar erro de coordenação na movimentação, colocando o adversário em superioridade numérica.

9 Atividades para o desenvolvimento do jogo de futsal

9.1. A INICIAÇÃO ESPORTIVA

Qual o significado de "iniciação esportiva" e "especialização precoce"? Se as duas expressões se relacionam com a prática de esportes realizada pelas crianças, como diferenciá-las?

A diferença crucial está nos princípios pedagógicos, metodologias e conteúdos utilizados pelos professores durante as aulas de esportes ministradas para os "pequenos".

Por "especialização precoce" entendemos a prática de esportes pelas crianças, sem as devidas atenções às suas necessidades básicas de integração, ludicidade, e, principalmente, limitações cognitivas, socioafetivas e físico-motoras. Cabe ao professor conhecer esses aspectos propiciando uma iniciação esportiva recheada de alegria e prazer, como bem descreve Costa, 2005: "A iniciação esportiva é o primeiro contato da criança com o esporte de seu interesse. Suas regras, fundamentos e movimentações vão sendo aos poucos apresentados de forma simples e num nível de exigência compatível com a categoria de trabalho".

Segundo Voser, 2005, o trabalho de iniciação requer cuidados especiais. Tudo que acontecer com as crianças neste período vai marcá-las para o resto da vida. Quem não se lembra das suas primeiras partidas de futebol? Das frustrações e alegrias, derrotas e vitórias?

O autor elabora algumas questões para desenvolver um trabalho com crianças de 6 a 12 anos. O corpo é referencial da percepção, o meio pelo qual a criança absorve o mundo e manifesta sentimentos, sensações e até mesmo opiniões:

1. Desenvolver aspectos do esquema corporal, equilíbrio, lateralidade, organização do corpo no espaço e no tempo, coordenação motora grossa e fina;
2. Movimentos de correr, lançar, saltar, transportar, trepar, rastejar e rolar, entre outros;
3. Oportunizar diversidade de experiências motoras, bem como contato com vários tipos de objetos em diferentes espaços;
4. Toda atividade em forma de recreação é mais atraente para a criança;
5. Desenvolver atividades que propiciem a sociabilização, a integração e a autoestima;
6. Estimular a criatividade e organização utilizando as seguintes perguntas: Quem consegue...? Quem é capaz de...? Quem sabe outra maneira de...?;
7. Manter a motivação dos alunos, trocando as atividades no momento adequado;
8. Ambiente livre de tensões para alunos sentirem-se seguros e desinibidos;
9. Incentivar todos, com atenção especial aos com maiores dificuldades;
10. Respeitar as individualidades e partir sempre do mais simples para o mais complexo;
11. Cuidado com a pressão dos pais, conversar e esclarecer junto a todos os principais objetivos do trabalho de iniciação.

9.2. PRINCÍPIOS PEDAGÓGICOS

O autor João Batista Freire, em *Pedagogia do Futebol*, 2006, elege quatro princípios básicos para nortear o processo de ensino do futebol na escola, e a partir deles estabelecemos a inclusão, a excelência, a ética e o hábito:

1. **Ensinar futebol a todos (Inclusão):** "Aqueles que já sabem jogar devem ser orientados para aprender a jogar melhor; aqueles que sabem muito pouco ou nada de futebol devem receber toda a atenção até que aprendam no mínimo o suficiente."
2. **Ensinar futebol bem a todos (Excelência)**: "Não basta ensinar; é preciso ensinar bem."
3. **Ensinar mais que futebol a todos (Ética):** "poderá estar aprendendo a conviver em grupos, a construir regras, a discutir e até discordar dessas regras, a mudá-las, com rica contribuição para seu desenvolvimento moral e social."
4. **Ensinar a gostar do esporte (Hábito):** "De que adianta utilizar uma pedagogia enfadonha, triste, repetitiva, autoritária? Nem duvidamos que ela também ensine habilidades para o futebol, mas se a pessoa não gosta do que está fazendo, por qual motivo incorporaria essa prática aos seus hábitos de vida? Antes de qualquer ensinamento, o aluno precisa aprender a gostar do que faz."

9.3. SUGESTÕES DE ATIVIDADES PRÁTICAS

Devemos observar os seguintes aspectos na realização das atividades práticas:

a) O professor pode estabelecer uma sequência de conteúdos que partam de atividades com todos os alunos em quadra, até chegar ao jogo propriamente dito. O aluno desta maneira percebera que "jogar futebol/futsal" significa muito mais do que ganhar ou perder, há descontração, cooperação e participação de todos.

b) A realização de atividades práticas, elaboradas criteriosamente, possibilita o trabalho dos domínios motor (na execução dos movimentos e gestos relacionados ao futebol/futsal), cognitivo (na compreensão das regras da atividade e na elaboração das estratégias para atingir os objetivos) e socioafetivo (na interação e relacionamento entre os alunos, estabelecidos pela atividade proposta).

9.3.1. JOGOS ADAPTADOS

Os jogos adaptados são caracterizados pelas modificações das regras, entre as quais destacamos o número de jogadores, tamanho do espaço, tamanho e peso da bola; tudo isto sem perder a essência da modalidade.

As adaptações nos jogos têm como objetivos facilitar a aprendizagem, trabalhar determinado fundamento técnico individual, motivar o grupo de alunos ou atletas, entre outros.

PASSE

1. JOGO DOS 10 PASSES

Organização: Dividir os alunos em grupos de cinco jogadores e utilizar todo o espaço da quadra.

Execução e objetivo: As equipes se enfrentam em jogo sem goleiro em que os grupos deverão trocar passes entre si sem que haja a intercepção do grupo adversário. Marcará ponto a equipe que conseguir trocar 10 passes consecutivos e concluir ao gol adversário.

Material: Bola e coletes.

Variações: Se a bola entrar na área de meta adversária após o décimo passe, a equipe obterá um ponto.

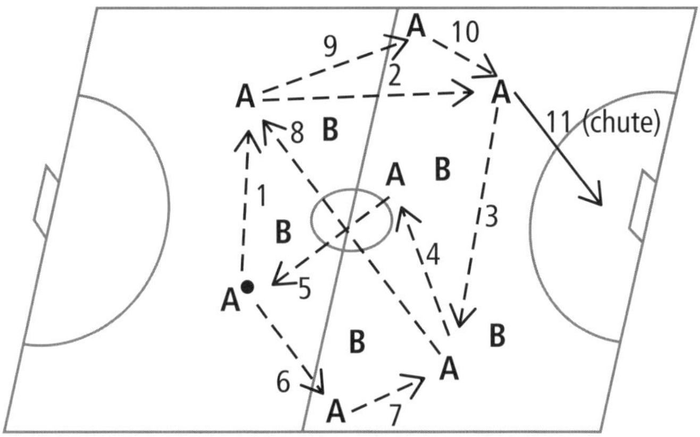

Jogo dos 10 passes

2. DOIS TOQUES E PASSE

Organização: Dividir os alunos em grupos de cinco jogadores e utilizar todo o espaço da quadra.

Execução e objetivo: As equipes se enfrentam em jogo em que cada jogador poderá tocar apenas duas vezes na bola antes de passar a bola.

Material: Bola e coletes.

Variações: Variar o número de toques antes do passe; na quadra defensiva pode dar dois toques e no ataque apenas um toque na bola antes de passar.

3. JOGO DOS PASSES SOLIDÁRIOS

Organização: Dividir os alunos em grupos de cinco jogadores e utilizar todo o espaço da quadra.

Execução e objetivo: As equipes se enfrentam em jogo em que cada jogador não poderá conduzir a bola, devendo, obrigatoriamente, realizar o passe assim que recebê-la.

Material: Bola e coletes.

Variações: Na quadra defensiva o jogo é normal, e na quadra ofensiva apenas com passes; inverter na defesa só por meio de passes, e no ataque o jogo é normal.

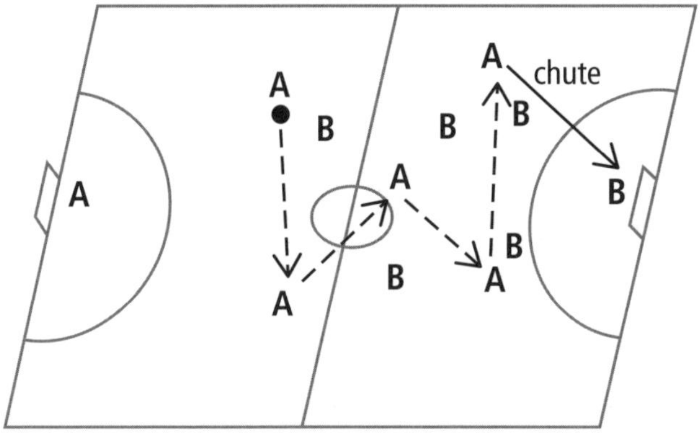

Jogo dos passes solidários

FINALIZAÇÃO

1. CHUTE CERTEIRO

Organização: Dividir os alunos em grupos de cinco jogadores e as metas em cinco áreas divididas da seguinte forma: dois arcos em cada ângulo superior e três áreas rasteiras na parte inferior.

Execução e objetivo: As equipes se enfrentam em um jogo sem goleiros, cujo objetivo é obter pontos de acordo com o local pelo qual a bola entra no gol: nos arcos superiores – 5 pontos; nos cantos inferiores – 3 pontos; no meio do gol – 1 ponto.

Material: Bola, coletes, quatro arcos e quatro cones.

Variações: Só pode chutar – de fora da área; de dentro da área; das laterais da quadra.

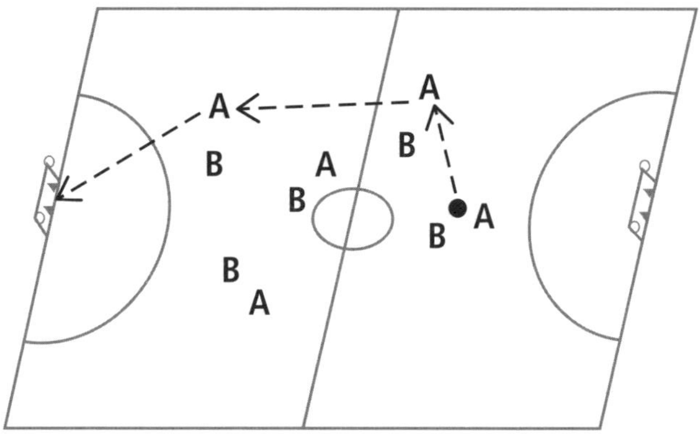

Chute certeiro

2. CHUTE OBRIGATÓRIO

Organização: Dividir os alunos em grupos de cinco jogadores e utilizar toda a quadra para realização de jogo de futsal.

Execução e objetivo: As equipes se enfrentam e deverão obrigatoriamente chutar contra a meta adversária após, no máximo, 5 passes, podendo conduzir e driblar livremente.

Material: Bola e coletes

Variações: Mudar número de passes; a equipe obterá um ponto se a finalização for em direção à meta adversária, independentemente de entrar no gol.

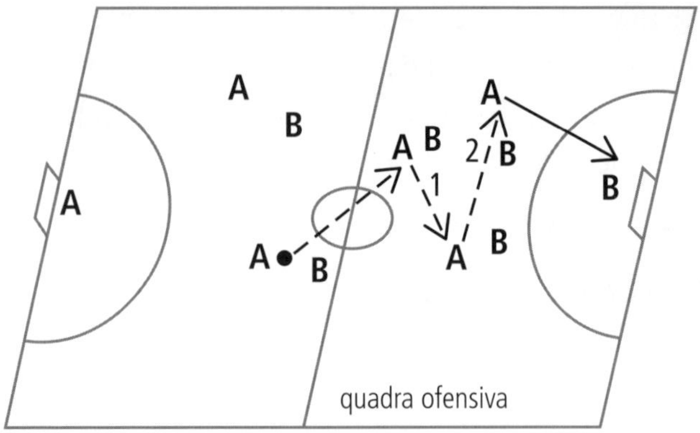

Chute obrigatório

3. JOGO COM DUAS BOLAS

Organização: Dividir os alunos em grupos de cinco jogadores e utilizar toda a quadra para realização de jogo de futsal.

Execução e objetivo: As equipes se enfrentam com duas em jogo, possibilitando maiores oportunidades de finalizações.

Material: Duas bolas e coletes.

Variações: Aumentar número de bolas no jogo; as duas bolas de posse da mesma equipe e apenas esta poderá finalizar durante tempo predeterminado, após o qual a bola passa para a outra equipe.

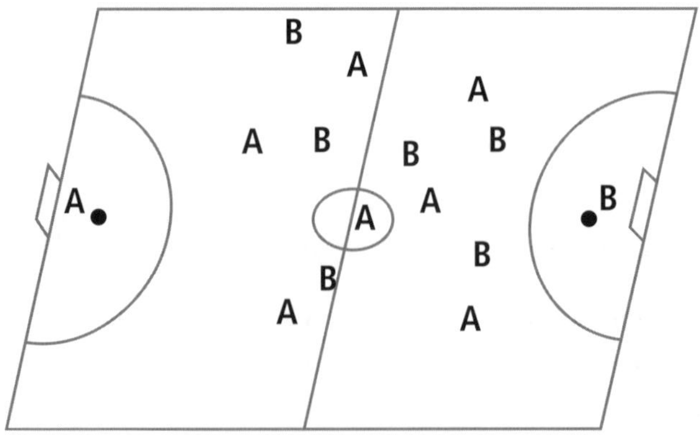

Jogo com duas bolas

MARCAÇÃO

1. SOMBRA

Organização: Dividir os alunos em grupos de cinco jogadores e utilizar toda a quadra para realização de jogo de futsal.

Execução e objetivo: As equipes se enfrentam e cada jogador marcará determinado adversário, não podendo haver troca de marcação.

Material: Bola e colete.

Variações: Solicitar que a marcação seja realizada na quadra toda; a partir da zona intermediária; a partir da zona de defesa.

2. CORINGA

Organização: Dividir os alunos em grupos de cinco jogadores e utilizar toda a quadra para realização de jogo de futsal.

Execução e objetivo: As equipes se enfrentam, com a equipe com a posse de bola sendo sempre composta por cinco jogadores e a equipe da defesa sempre com quatro jogadores. Haverá um jogador, o coringa, que fará parte sempre da equipe com posse de bola.

Material: Bola e coletes, sendo um colete diferenciado para o jogador coringa.

Variações: O ponto poderá ser obtido sempre que a bola entrar na área de meta da equipe adversária, e não necessariamente no gol.

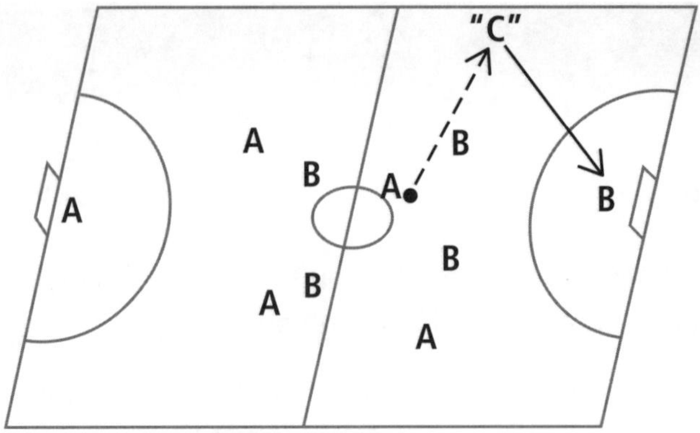

Ataque com o coringa

3. GOL CAIXOTE

Organização: Dividir os alunos em grupos de três jogadores e utilizar as duas meias-quadras para realização de dois jogos de futsal simultâneos.

Execução e objetivo: As equipes se enfrentam em meias-quadras, com metas menores para que haja mais confrontos entre ataque e defesa.

Material: Duas bolas, coletes, oito cones para confecção das traves.

Variações: Para dar mais dinamismo ao jogo, determinar a entrada e saída das equipes de várias maneiras – gols obtidos; bola enviada para fora; tempo determinado.

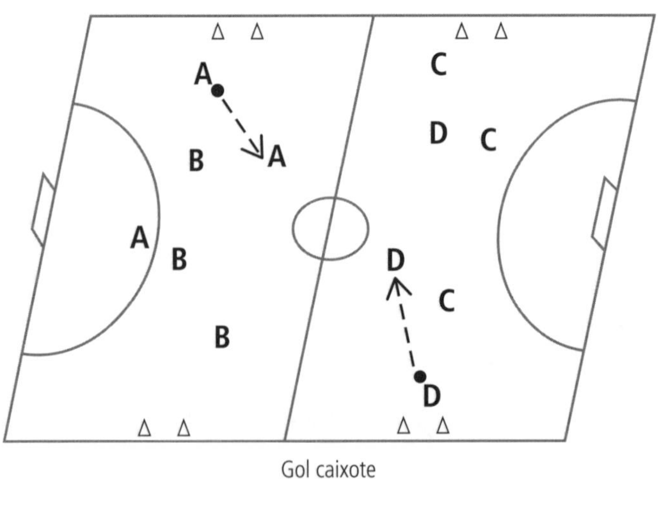

Gol caixote

DRIBLE

1. DRIBLAR ANTES DE PASSAR

Organização: Dividir os alunos em grupos de cinco jogadores e utilizar a quadra para realização de jogo de futsal.

Execução e objetivo: As equipes se enfrentam e os jogadores devem driblar um adversário antes de realizar o passe para o companheiro de equipe.

Material: Bola e coletes.

Variações: Drible no campo defensivo vale um ponto, no campo ofensivo vale dois pontos.

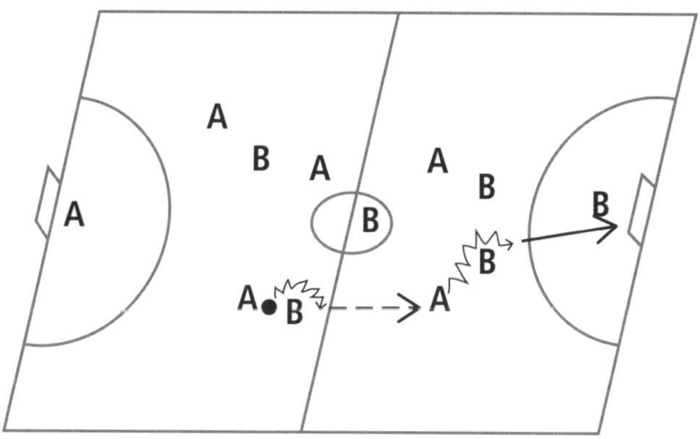

Driblar antes de passar ou chutar

2. DRIBLAR E PONTUAR

Organização: Dividir os alunos em grupos de cinco jogadores e utilizar a quadra para realização de jogo de futsal.

Execução e objetivo: As equipes se enfrentam e os jogadores devem driblar um adversário para obter um ponto para sua equipe.

Material: Bola e coletes.

Variações: Drible no campo defensivo vale um ponto, no campo ofensivo vale dois pontos.

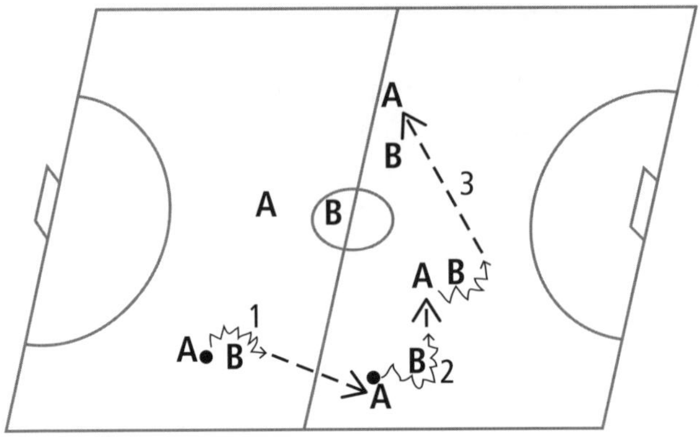

Driblar e pontuar

3. DRIBLAR ANTES DE FINALIZAR

Organização: Dividir os alunos em grupos de cinco jogadores e utilizar a quadra para realização de jogo de futsal.

Execução e objetivo: As equipes se enfrentam e os jogadores devem driblar um adversário antes de finalizar contra o gol adversário.

Material: Bola e coletes.

Variações: Mesmo se a bola não entrar no gol, a equipe obtém um ponto.

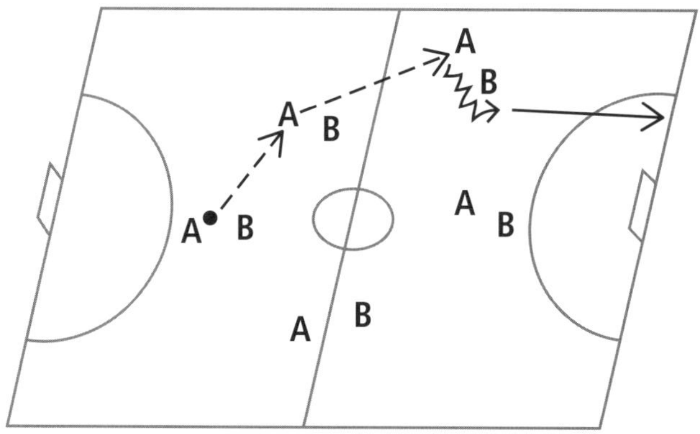

Driblar antes de finalizar

CABECEIO

1. CABECEAR E PONTUAR

Organização: Dividir os alunos em grupos de cinco jogadores e utilizar a quadra para realização de jogo de futsal.

Execução e objetivo: As equipes se enfrentam e os jogadores devem cabecear a bola para recepcionar, passar e finalizar. Cada cabeceada é pontuada a favor da equipe.

Material: Bola e coletes.

Variações: Cabeceada para passar vale um ponto, para recepcionar vale dois pontos e para finalizar vale três pontos (independentemente de a bola entrar no gol).

2. CABECEIO PARA FINALIZAR

Organização: Dividir os alunos em grupos de cinco jogadores e utilizar a quadra para realização de jogo de futsal.

Execução e objetivo: As equipes se enfrentam e os jogadores só devem finalizar utilizando-se do cabeceio.

Material: Bola e coletes.

Variações: Jogar sem os goleiros para facilitar o gol; a defesa adversária não pode entrar na área de meta para interceptar a cabeceada do ataque.

3. SÓ CABECEIO

Organização: Dividir os alunos em grupos de cinco jogadores e utilizar a quadra para realização de jogo de futsal.

Execução e objetivo: As equipes se enfrentam e após o lançamento do goleiro os jogadores só devem recepcionar, passar e finalizar utilizando-se do cabeceio.

Material: Bola e coletes.

Variações: Jogar sem os goleiros para facilitar o gol; a defesa adversária não pode entrar na área de meta para interceptar a cabeceada do ataque.

OUTROS JOGOS ADAPTADOS

1. **Não pode atrasar a bola:** Jogo em que os passes devem ser realizados para frente. Se a equipe atrasar, a posse de bola vai para a outra equipe.
2. **Todos devem atacar:** Jogo em que o gol só será validado se todos os jogadores da equipe que o fizer estiverem na quadra ofensiva.
3. **Todos devem tocar na bola:** Jogo em que o gol só será validado se todos os jogadores da equipe que o fizer tiverem tocado na bola antes da finalização.
4. **Futebol de mãos dadas:** Jogo em que os jogadores, em duplas, de mãos dadas, devem deslocar-se e participar não soltando as mãos.

9.3.2. ATIVIDADES RECREATIVAS PARA O FUTSAL

Nas atividades recreativas, os fundamentos técnicos individuais do futsal são apresentados aos alunos de maneira em que a ludicidade, a descontração, a cooperação e o prazer em participar devem estar presentes. A proposta deve propiciar o desafio para atingir os objetivos e a criatividade na execução.

CONDUÇÃO DE BOLA

1. **Pega-pega com a bola:** Espalhados aleatoriamente pela quadra, cada aluno, com uma bola, deverá fugir do aluno escolhido como pegador, que também estará conduzindo uma bola.
2. **Pega-pega de mãos dadas:** Espalhados aleatoriamente pela quadra, os alunos, em duplas de mãos dadas, deverão conduzir a bola fugindo do pegador, que também conduzirá uma bola. Ao ser tocado, o aluno troca de lugar com o pegador.
3. **Coelhinho sai da toca:** Espalhados aleatoriamente pela quadra, cada aluno com uma bola dentro de um arco, ficando um aluno com uma bola fora do arco. Ao comando, todos deverão trocar de arco. Haverá sempre um aluno sobrando fora dos arcos.
4. **Mão dupla:** Determinar duplas antes de iniciar a atividade. Cada aluno com uma bola, movimentando-se aleatoriamente pela quadra. Ao sinal, as duplas devem procurar-se e trocar de bola, continuando a condução.

PASSE DE BOLA

1. **Jogo dos cinco passes:** Alunos divididos em duas equipes para troca de passes, utilizando todo o espaço da quadra. A equipe que conseguir trocar cinco passes consecutivos obterá um ponto. A contagem deve ser em voz alta.

2. **Barra manteiga com passe:** Alunos colocados um ao lado do outro na linha lateral da quadra. Um aluno com bola, de frente para os demais, realizará o passe para os demais enquanto "canta" o "barra manteiga". No 3 ocorre o último passe e o aluno que o recebe corre atrás do companheiro, que deverá fugir para a linha lateral oposta. Obs.: "barra manteiga na fuça da nêga, 1, 2, 3..."

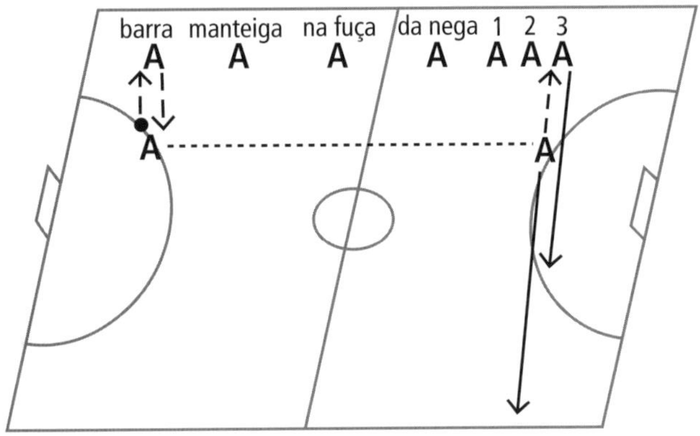

Barra manteiga com passe

3. **Relógio com passe:** Dividir o grupo em duas equipes com mesmo número de integrantes e formar dois círculos com um aluno ao centro. Começando juntos, os círculos devem trocar passes, com a bola sempre passando pelo aluno do centro, vencendo a equipe que primeiro realizar passes entre si. Identificar com colete o primeiro aluno a receber o passe.

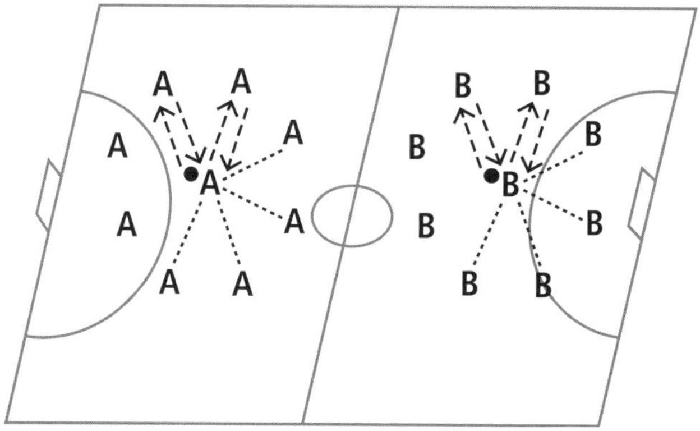

Relógio com passe

4. **Estafeta de Passes:** Formar duas ou mais equipes com divisão em duplas nas equipes. Ao sinal, cada dupla deve realizar passes até o local determinado e retornar para sua equipe. Vence a equipe que realizar primeiro os passes e retornar ao seu local de saída.

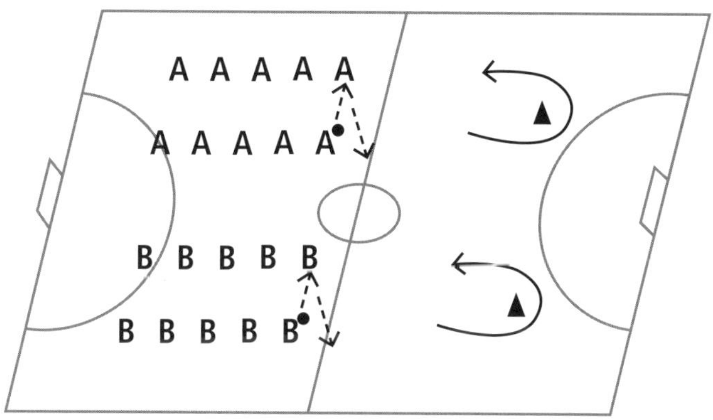

Estafeta de passes

CHUTE

1. **Tiro ao alvo:** Dividir o grupo em quantas equipes necessárias, com cinco alunos cada uma. Coloca-se as equipes uma ao lado da outra com 6 cones à frente de cada a aproximadamente 10 metros de distância. Os alunos de cada coluna tentarão derrubar os 6 cones, chutando alternadamente.

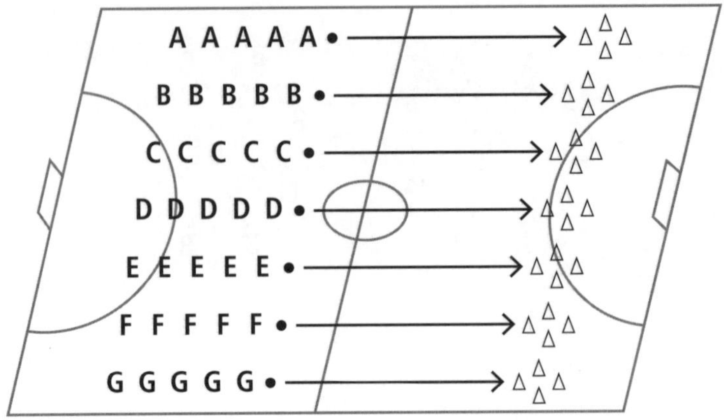

Tiro ao alvo

2. **Chutar a bola por cima da rede:** Dividir o grupo em duas equipes e colocar cada uma dentro da área de meta. No centro da quadra, os postes de vôlei com a rede na altura do jogo de tênis. Durante determinado tempo os alunos chutarão as bolas por sobre a rede, de um lado para o outro. Vencerá o jogo a equipe que tiver o menor número de bolas na sua meia-quadra assim que solicitada a paralisação.

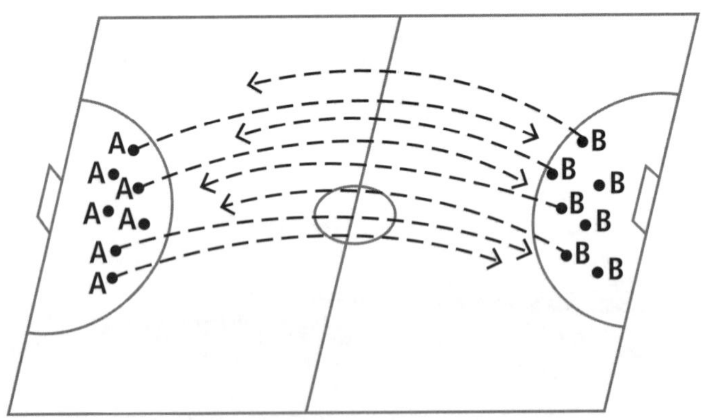

Chutar a bola por cima da rede

3. **Artilharia pesada:** Dividir o grupo em duas equipes e colocar cada uma sobre uma linha de fundo. Uma equipe por vez, cada jogador com uma bola, deslocam-se até o meio da quadra, de onde deverão chutar para o gol adversário, sem o goleiro. Vencerá a equipe que fizer mais gols

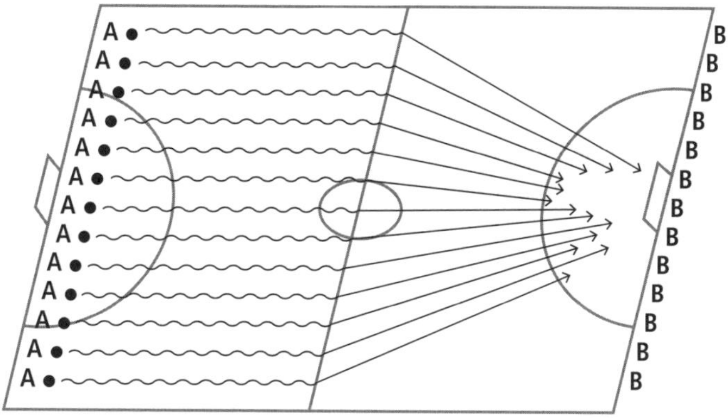

Artilharia pesada

4. **Passe e bola ao gol:** Formar duplas que deverão sair da linha de fundo, um jogador ao lado do outro, trocando passes até o centro da quadra. Ao chegarem ao meio da quadra, um dos alunos dribla o companheiro e finaliza ao gol.

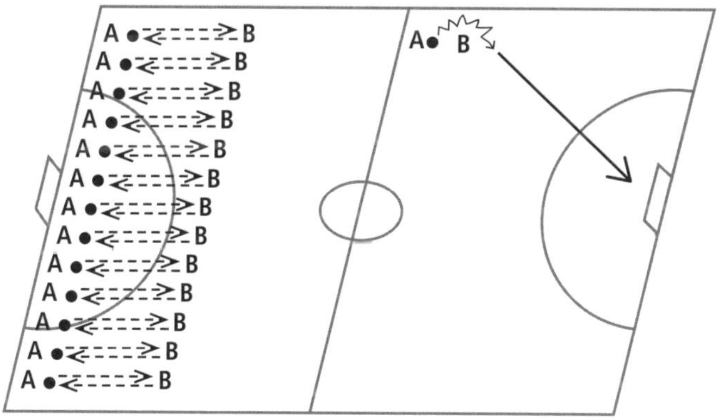

Passe e bola ao gol

RECEPÇÃO

1. **Recepção em duplas:** Em duplas, um jogador de frente para o outro, um aluno lança a bola para o colega que deve recebê-la com diferentes partes do corpo.
2. **Lançar a bola ao alto e realizar a recepção:** Cada aluno com uma bola se movimenta livremente pela quadra, ao sinal do professor devem lançar a bola para o alto e realizar a recepção com várias partes do corpo.
3. **Relógio com recepção:** Dividir o grupo em duas equipes com mesmo número de integrantes e formar dois círculos com um aluno ao centro. Começando juntos, o aluno do centro lança a bola com as mãos para que o companheiro realize a recepção. Vence a equipe que primeiro realizar a recepção. Identificar com colete o primeiro aluno a receber a bola.
4. **Recepção com a sola do pé:** Formar duplas que deverão sair da linha de fundo, um jogador de frente para o outro, trocando passes até a linha de fundo oposta da quadra. O jogador que se desloca de costas deverá fazer a recepção com a sola do pé.

DRIBLE, FINTA E MARCAÇÃO

1. **Pega-pega com bola:** Alunos se movimentam livremente pela quadra. Um ou mais alunos é o pegador que estará com a posse de bola. O pegador deverá tocar a mão ou a bola no colega para se salvar. O aluno tocado passa a ser o pegador.
2. **Sombra:** Formar duplas, um com bola e o outro sem. Movimentando-se aleatoriamente na quadra, o jogador com a bola tentará

entrar em uma das áreas de meta para obter o ponto, enquanto seu correspondente fará a marcação.

3. **Pega o rabo:** Dividir o grupo em duas equipes. Cada aluno com uma fita pendurada ao lado do corpo deve proteger sua fita e tentar pegar a dos colegas. Vencerá a equipe que pegar mais fitas da outra em determinado tempo. Pode ser realizado em duplas.

4. **Mano a mano:** Dividir o grupo em duas equipes. Um aluno contra outro, tendo que fazer o gol de dentro da área. Também pode ser realizado dois contra dois.

CABECEIO

1. **Bola ao alto:** Cada aluno com uma bola (pode ser de vôlei ou de borracha), deslocando-se aleatoriamente na quadra. Ao sinal do professor devem jogar a bola ao alto e cabecear, segurando-a com as mãos. Pode variar solicitando saltar antes de cabecear.

2. **Cabecear consecutivamente:** Colocar os alunos na linha lateral da quadra, cada um com uma bola. Devem atravessar a quadra cabeceando a bola da seguinte maneira: uma vez – segura; duas vezes – segura; três vezes – segura e assim sucessivamente até atravessar a quadra cabeceando sem segurar a bola com as mãos.

3. **Cabeçobol:** Duas equipes disputarão um jogo, utilizando a quadra toda, passando a bola (de vôlei) com as mãos e só podendo fazer o gol de dentro da área de meta, com a cabeça. Os jogadores da defesa não podem entrar na área para marcação.

4. **Cabecear em dupla:** Formar duplas, espalhadas aleatoriamente pela quadra. Deverão trocar passes de cabeça, iniciando a contagem: 1, 2, 3...

9.3.3. JOGOS PRÉ-DESPORTIVOS

Os jogos pré-desportivos possuem organização e desenvolvimento parecidos com o futsal. Os alunos vivenciam regras e movimentações que preparam para a prática do jogo propriamente dito.

1. FUTEBOL ESTÁTUA

Organização: Quatro equipes na quadra (A, B, C e D), cada uma com coletes de cores diferentes (verde, amarelo, azul e vermelho).

Desenvolvimento: O jogo começa com a "A" contra a "B", ficando as outras duas, "C" e "D"espalhadas e paradas dentro da quadra. A cada chute no gol mudam as equipes que estão jogando. O placar do jogo é somado (por exemplo: A/C contra C/D).

Variação: as equipes "paradas" poderão pegar a bola se esta passar perto de um dos alunos, invertendo-se as posições.

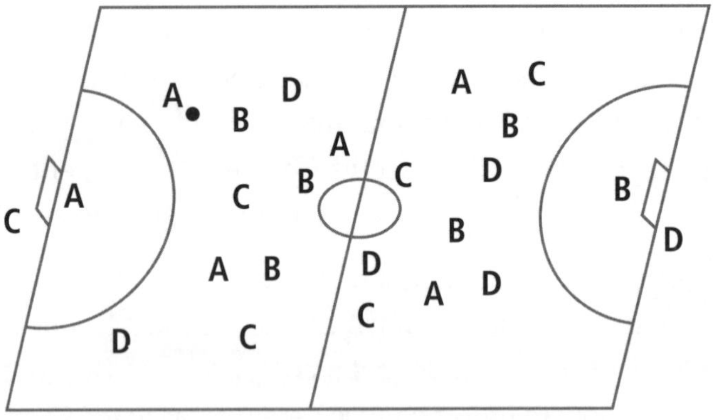

Futebol Estátua

2. PINOBOL

Organização: Dividir a turma em duas equipes, A e B, de até 8 alunos cada, identificando com coletes cada uma delas. Dentro do círculo central colocar um cone.

Desenvolvimento: As equipes têm como objetivo acertar a bola no cone, sem entrar no círculo central.

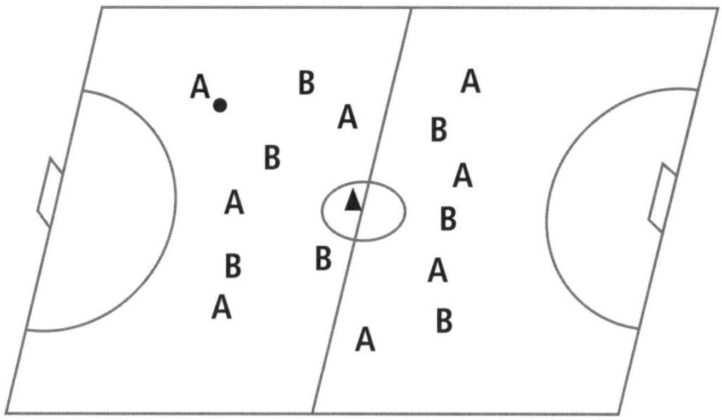

Pinobol

3. FUT-HAND

Organização: Duas equipes, A e B, com número variado de alunos, identificadas com coletes diferentes e três bolas.

Desenvolvimento: Uma bola de futsal no chão para ser jogada conforme as regras de futsal e uma bola de handebol, para cada equipe trocar passes com as mãos.

O aluno que tem a bola nas mãos não pode jogar com os pés (trocar passes, conduzir, chutar e nem interceptar a bola de futsal). O objetivo é fazer gols com os pés e com as mãos.

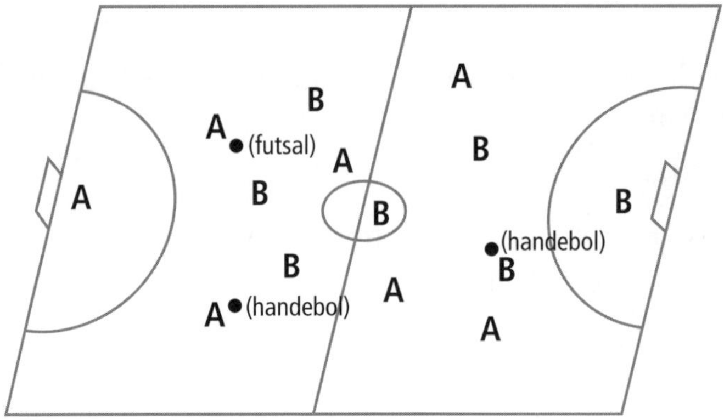

Fut-hand

4. GOLEIRO CURINGA

Organização: Duas equipes, A e B, cada uma com seu goleiro e um goleiro, "G", no "curinga" no círculo central.

Desenvolvimento: A equipe que estiver com a posse da bola deve obrigatoriamente passar pelo goleiro do círculo central, que poderá utilizar mãos ou pés, para dar prosseguimento à jogada. O jogo inicia com a bola em posse de um dos goleiros.

Nenhum outro jogador pode entrar no círculo central.

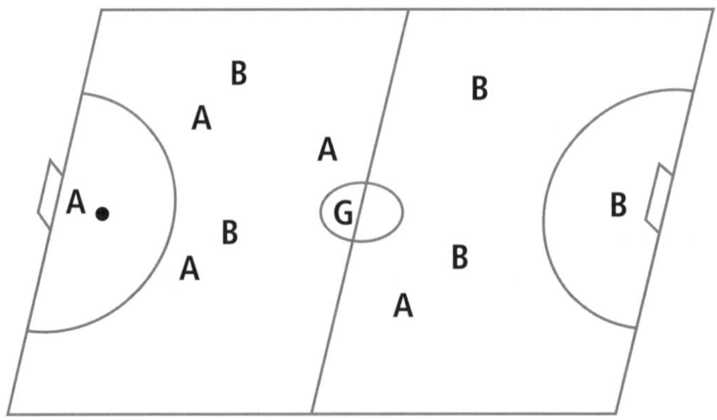

Goleiro curinga

5. FUTSAL COM CONES

Organização: Duas equipes, A e B, identificadas com coletes e vários cones espalhados na quadra.

Desenvolvimento: Durante o jogo o aluno e a bola não podem tocar no cone, sendo considerado ponto para o adversário caso isso ocorra.

6. ATACANTES NA LINHA DE FUNDO

Organização: Duas equipes, A e B, identificadas com coletes dentro da quadra, e mais dois jogadores de cada equipe fora da quadra na linha de fundo do ataque.

Desenvolvimento: O jogo segue normal dentro da quadra, quando a bola sair pela linha de fundo do ataque os jogadores de fora poderão enviar a bola para dentro, dando prosseguimento à jogada.

Variação: Após o passe do jogador de fora, a bola deve ser chutada "de primeira" contra o gol adversário.

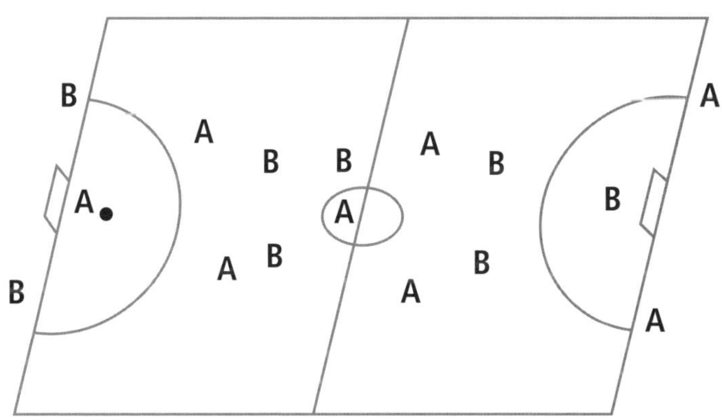

Atacantes na linha de fundo

7. ATACANTE DESMARCADO PELO APITO

Organização: Duas equipes, A e B, identificadas com coletes e um cone colocado na linha de fundo de cada equipe.

Desenvolvimento: O jogo segue normalmente e, ao som do apito (com som diferente), o aluno que está marcando o jogador com a posse de bola deve correr e contornar o cone na sua linha de fundo defensiva. O atacante deve aproveitar a superioridade numérica para tentar o gol.

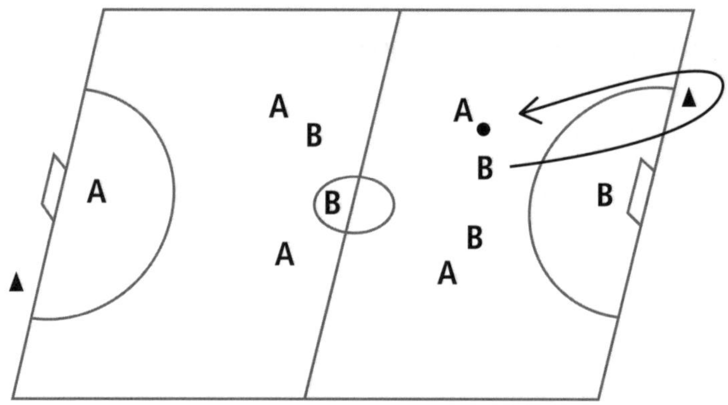

Atacante desmarcado pelo apito

10 Comunicação no futebol

O futebol e o futsal são esportes que, diferentemente do tênis, por exemplo, é muito "falado", tanto dentro, como fora da área de jogo. Muitos dos termos empregados passam de geração para geração, e, algumas vezes, sem o conhecimento de sua origem.

Desta maneira, podemos perceber dois tipos de linguagem durante uma partida:

1. A comunicação realizada fora do campo/quadra de jogo, utilizada pelos torcedores, narradores e comentaristas, e que varia de acordo com a região e o contexto histórico e social; e
2. A comunicação realizada dentro do campo/quadra, utilizada pelos jogadores, árbitros e componentes da comissão técnica das equipes.

10.1. LINGUAGEM FORA DA QUADRA/CAMPO

A linguagem utilizada fora do campo de jogo, principalmente por torcedores e narradores, é conhecida como "gíria do futebol".

Muitas delas foram criadas por narradores, torcedores e outras pelos próprios jogadores. De acordo com José Maurício Capinussú, 1997, o uso de expressões idiomáticas diferentes talvez tenha sido utilizada pela primeira vez por Ailton Flores, o popular Canarinho, em 1939, na rádio Cruzeiro do Sul do Rio de Janeiro, tornando-se popular com Raul Longras, na década de 40:

> *Prática que se consagrou na década de 40 com Raul Longras, cujas expressões "pimba" (para caracterizar o chute a gol) e "balançou o véu da noiva" (rede do gol à frente da qual se posta o goleiro) se tornaram famosas. Esse linguajar diferente utilizado por Raul Longras devia-se à sua necessidade de salientar-se dentre os demais colegas, objetivando maiores índices de audiência.*

Muitos dos termos e expressões utilizadas no futebol são transferidos para o cotidiano popular, e algumas constam, inclusive, em dicionários da língua portuguesa. Dentro da linguagem utilizada no futebol, ressaltamos as seguintes:

"Abrem-se as cortinas, começa o espetáculo": frase utilizada pelo narrador Fiori Giglioti no início do jogo.

"Abrir a caixa de ferramenta": quando o jogador começa a dar pontapé no adversário.

Armandinho: jogador que gosta de "armar" as jogadas, passando a bola de um lado para o outro.

"Baixar o sarrafo": quando o jogador começa a dar pontapé no adversário.

Banheira: estar em completo impedimento.

Bicanca: chute dado com o bico do pé.

Bicicleta: quando o jogador fica em posição horizontal, de costas para o chão, e acerta a bola com um dos pés.

Brucutu: jogador de marcação do meio de campo sem habilidade para "sair jogando" e que comete muita falta.

Cabeça de bagre: jogador sem habilidade.

Caixa: gol.

Canhão: chute com muita força.

Caneta: drible em que o jogador passa a bola entre as pernas do adversário, recuperando-a mais à frente.

Caroço do abacate: círculo central do campo.

Cama de gato: quando, na disputa de bola aérea, o jogador se abaixa propositalmente para derrubar o outro.

Canela grossa: jogador marcador sem habilidade.

Canudo: chute forte na bola.

"Cada enxadada é uma minhoca": termo utilizado para definir jogador violento.

"Caçando borboleta": quando o goleiro sai do gol para interceptar um cruzamento e não consegue acertar a bola.

Carrapato: jogador que marca individualmente o adversário.

Carretilha: tipo de drible em que a bola passa por cima da cabeça do marcador, após o atacante tocá-la com calcanhar de um pé e parte interna do outro.

Carrinho: quando um jogador atira-se deslizando no solo, com os pés levantados e procura acertar a bola (ou as canelas do adversário).

Cavadinha: quando na cobrança de penalidade máxima o atacante chuta a bola alta e vagarosamente no meio do gol.

Cavalo: jogador violento.

Chapéu ou lençol: tipo de drible em que a bola é tocada por cima da cabeça do marcador e recuperada pelo atacante.

Chanca: chuteira.

Chocolate: goleada de uma equipe sobre a outra.

Chuveirinho: bola cruzada na área.

Cera: termo utilizado quando uma equipe tem o placar favorável e provoca situações para "ganhar tempo", fazendo o tempo passar sem que a partida aconteça em seu fluxo normal.

Chocolate: goleada de uma equipe sobre a outra.

Chinelinho: jogador que só fica no departamento médico.

Cintura dura: jogador marcador sem habilidade.

Come e dorme: jogador que não participa dos jogos.

Cobra: jogador habilidoso.

"Drible da vaca": tipo de drible em que o jogador passa a bola por um lado do marcador e corre pelo outro, recuperando-a mais à frente.

Elástico: tipo de drible em que o jogador muda de direção com a bola no pé (caracterizado por Rivelino).

Enceradeira: jogador que não tem objetividade quando em posse de bola.

Estrela: jogador famoso.

"Ele": Pelé (o narrador Walter Abrão não pronunciava o nome "Pelé" nas transmissões, reverenciava como "Ele", prestando-lhe homenagem).

"Explode no pau": bola na trave.

"Fecham-se as cortinas, termina o espetáculo": frase utilizada pelo narrador Fiori Giglioti no final do jogo.

Fita, teatro ou cena: ato do jogador simular dores após disputa de lance, para tentar enganar a arbitragem.

Formiguinha: jogador que se dedica à marcação, corre por todos os locais do campo.

Fominha: jogador que não passa a bola para ninguém.

Frango: gol obtido após falha do goleiro.

Frangueiro: goleiro "que levou um gol após grande falha.

Gato: jogador que altera a idade, passando por mais novo.

Golaço: gol muito bonito.

Gol de placa: gol muito bonito.

Gol de letra: gol obtido após a bola passar por entre as pernas do atacante e este a tocar com a parte interna do pé.

Gorduchinha: bola.

"Joga pro mato, que o jogo é de campeonato": chutar a bola para fora do campo de jogo.

João: jogador marcador (para Garrincha, todos os seus marcadores chamavam-se "João").

"Leão de treino": jogador que durante os treinos joga muito bem e não repete a atuação no jogo.

"Mais grosso que papel de embrulhar prego": frase pelo comentarista Osvaldo Pascoal para definir jogador sem habilidade.

"Mala preta": oferecer dinheiro para uma equipe vencer um jogo.

Mão de pau: goleiro que rebate todas as bolas.

Maria chuteira: mulheres que frequentam mesmo locais que jogadores de futebol.

Mascarado/Marrento: jogador que pensa e age como se fosse o melhor do mundo.

Medalhão: jogador famoso.

Meia-lua: entrada da área.

Ninho da coruja: ângulos superiores das metas.

"Não vou prá grupo não": frase utilizada pelo comentarista Osvaldo Pascoal quando não acredita na capacidade técnica do jogador ou em algo que ele está dizendo.

Olé: grito da torcida quando sua equipe está vencendo e passando a bola entre seus jogadores.

Patada: alguns utilizam como chute forte desferido na bola, outros como entrada muito forte no adversário.

Paradinha: ato de frear a corrida no momento da cobrança de penalidade máxima.

"Pé da cajarana": parte de baixo das traves.

Pedalada: tipo de drible em que o jogador passa as pernas alternadamente por cima da bola (caracterizado por Robinho).

Peixinho: movimento de cabecear a bola próxima ao solo.

Pelada: partida de futebol sem muita técnica e organização.

Pelota: bola.

Perna de pau: jogador sem habilidade.

Peru: gol obtido após falha do goleiro.

Petardo: chute muito forte.

Pipoca ou pipoqueiro: jogador que não disputa lances mais acirrados.

Pimba: chute.

"Quem ganhou, ganhou, quem não ganhou, não ganha mais": frase utilizada para definir o final da partida na Rádio Bandeirantes a partir da década de 70.

Rei: Pelé.

Rosca: bola chutada com efeito.

"Salto alto": equipe ou jogador que entra em campo achando que o jogo já está ganho.

Sanguessuga: jogador que só quer receber a bola no pé, não se dedicando à marcação.

"Tá no filó": bola dentro do gol.

Tento: gol.

Traíra: indivíduo que faz parte do mundo do futebol (jogador, técnico, jornalista), no qual não se pode confiar.

Trivela: chute realizado com a parte externa do pé dando efeito à bola.

Três dedos: chute dado com a parte externa do pé.

"Vai para o chuveiro mais cedo": jogador expulso do jogo.

Zebra: quando uma equipe mais fraca vence a equipe mais forte.

Zona do agrião: região da área.

10.2. LINGUAGEM DENTRO DO CAMPO/QUADRA

A troca de informações efetuada entre os jogadores, comissão técnica e arbitragem faz parte da cultura do futebol. Atualmente a mídia utiliza os avançados recursos tecnológicos para captar o som vindo de dentro do campo.

Já na década de 80, o árbitro José Roberto Wright dirigiu um jogo no estádio do Maracanã utilizando um pequeno microfone preso junto a sua camisa, para mostrar como se dava a comunicação entre os jogadores e o árbitro. Na década de 90, o jogador Ricardinho, do Corinthians, jogou com um "ponto" de som do ouvido, para receber instruções do, então técnico, Vanderlei Luxemburgo.

Em se tratando da comunicação realizada pelos jogadores, a melhor forma de ocorrer, tecnicamente falando, é o PASSE, pois por meio dele pode-se perceber porque o jogo é chamado de "COLETIVO". O passe propicia o melhor e mais rápido andamento da jogada de uma equipe, determinando o ritmo de acordo com distâncias e deslocamentos empregados, sendo a PRECISÃO fator essencial.

A outra forma de comunicação ocorrida dentro do campo/quadra é aquela utilizada pelos jogadores para se "entenderem" durante o jogo, podendo ocorrer de três maneiras:

1. Comunicação verbal;
2. Comunicação visual;
3. Comunicação gestual.

10.2.1. COMUNICAÇÃO VERBAL

É a forma mais comum.

Vantagens: O companheiro escuta e rapidamente pode realizar o passe, muitas vezes sem olhar, só escutando o companheiro.

Desvantagens: O adversário também escuta, o que pode ocasionar a intercepção da jogada; se dois companheiros pedirem a bola ao mesmo tempo podem causar uma indecisão ao passador.

10.2.2. COMUNICAÇÃO VISUAL

O aluno deve jogar com a cabeça erguida, ter visão do jogo e visão periférica.

Vantagens: O marcador, muitas vezes, fica atento na bola, descuidando-se do jogador que vai receber o passe.

Dificuldades (desvantagens): Na iniciação o aluno ainda não consegue tirar os olhos da bola, dificultando o passe rápido, dando chance para a defesa se recompor.

10.2.3. COMUNICAÇÃO GESTUAL

Representa ótima maneira de se comunicar durante o jogo, através de gestos podemos pedir a bola.

Vantagens: Não faz tanto barulho e nem chama a atenção da marcação.

Desvantagens: Se o gesto for muito "espalhafatoso", a marcação pode antecipar-se à jogada.

11 O futebol feminino

11.1. UMA HISTÓRIA DE CONQUISTAS ESPORTIVAS, SOCIAIS E CULTURAIS

Quando ouvimos, mencionamos e pensamos sobre o futebol, somos levados a imaginar apenas na participação dos homens, que, por uma questão cultural, desde meninos, chutam bolas nos parques, praças e quintais. Isto acontece por serem incentivados ao receberem bolas e mais bolas, dos mais variados tamanhos, cores e esportes.

De acordo com Clara Albuquerque, 2007:

> *Os homens crescem com uma cultura peculiar desse esporte; a grande maioria não tem a opção de escolha, já nasce com o escudo de um clube estampado no babador. Desde pequeno vivem as emoções de uma equipe imposta pelo pai ou por um familiar mais fanático. Acabam gostando, e muito! Do jardim de infância ao campinho do bairro, há uma disputa particular para ver quem sabe mais sobre esse assunto. Todos são um pouco técnicos e craques. Se fosse possível entrar no campo, então seria a glória!*

Valeria então questionarmos: "Se nossos meninos brincam com bolas, as meninas brincam com o quê?"

Bem, as meninas brincam de bonecas e "casinha", "bola é coisa para homem", responderia a maioria.

Para os meninos, essas bolas serão transformadas posteriormente em apenas uma atividade: jogar futebol.

E para as meninas, a conotação cultural dada à "casinha" e às "bonecas" será a de: NÃO jogar futebol.

11.1.1. A CULTURA

> *Nunca é demais lembrar que o esporte não é masculino ou feminino, mas são as culturas, a partir de suas crenças, que lhe imprimem significados. Por isso um esporte é mais aceito num lugar do que no outro.* (SANTANA, 2007)

Apesar da participação da mulher no futebol e no futsal ter aumentado nos últimos anos, percebemos, ainda nos dias de hoje, situações de discriminação que impedem ou restringem a prática da modalidade por parte das meninas.

Ao compararmos o número de praticantes de futebol do sexo feminino entre Brasil e Estados Unidos, por exemplo, verificamos que estamos bem abaixo do país norte-americano, algo só explicado pela questão cultural.

Aqui o futebol sempre foi reconhecido como um esporte a ser praticado essencialmente por homens, expressões como "futebol é coisa para homem" e "lugar de mulher é na cozinha, pilotando o fogão" ainda se ouvem nos jogos, tanto entre os meninos, como de homens adultos, muitos destes, pais de meninas, o que acaba colaborando para o aumento desse "senso comum".

É importante a consciência por parte de todos que ministram aulas de Educação Física de que é na escola que este paradigma deve ser quebrado, oportunizando a todos, sem restrição a gênero ou quaisquer outros tipos de preconceitos, a prática desse esporte. Em pesquisa realizada em 2003 na universidade de Londrina, no Paraná, com jogadoras de futsal feminino da categoria adulta, Wilton Carlos de Santana e Heloisa Helena Baldy dos Reis constataram ser a escola o ambiente de iniciação da modalidade por parte das mulheres.

Cabe então aos professores de Educação Física, nas escolas, agirem de modo a facilitar essa iniciação por parte das meninas, algo que pode ser feito adotando-se, entre outras, as seguintes medidas:

- A orientação para que os meninos aceitem e compreendam como natural a participação das meninas no jogo de futsal, assim como as mulheres já atuam em vários outros segmentos que anteriormente eram destinados apenas aos homens, tendo até como exemplos muitas mães dos garotos presentes;
- Orientar as meninas no sentido de não precisarem mudar seu comportamento feminino, evitando o uso de roupas masculinizadas e a imitação dos gestos estereotipados de "jogadores de futebol", apenas para serem aceitas no "meio do esporte";
- Mostrar aos familiares que a prática do futebol e do futsal trará benefícios, não apenas aos aspectos físico e fisiológico, minimizando problemas como a obesidade que atinge nossos jovens e a osteoporose que atinge principalmente as mulheres, como também, por ser uma modalidade coletiva, colabora para a melhora da convivência social, em um mundo que, cada vez mais, crianças e jovens ficam sozinhos com seus jogos eletrônicos.

11.1.2. A SOCIEDADE COMEÇANDO A MUDAR...

Foi-se o tempo que o homem saía cedo de casa para o trabalho e a mulher ficava cuidando dos afazeres domésticos e dos filhos. Atualmente é necessário que também as mulheres procurem espaço no mercado de trabalho, realizando atividades anteriormente dedicadas somente aos homens – motorista de ônibus, em escritórios, consultórios, etc. – para aumentar a renda familiar.

Em muitas situações, as mulheres priorizam o trabalho em relação à família, ou seja, procuram casar e ter filhos após atingir uma maior estabilidade profissional e financeira.

Essa alteração do comportamento feminino em relação à área profissional foi expandida para outros segmentos, tais como a educação, onde é cada vez maior o número de mulheres nas universidades, superando em alguns cursos o número de homens; assim como na prática dos esportes, atividade onde a inserção das mulheres é cada vez maior, quebrando paradigmas e ampliando a participação feminina em várias modalidades, inclusive no futebol e no futsal.

11.2. HISTÓRICO DO FUTEBOL FEMININO NO MUNDO

O futebol feminino deixou de ser novidade há muito tempo. Inglaterra e Escócia realizaram a primeira partida de futebol entre mulheres, em 1898, em Londres.

Segundo documento sobre o início do futebol feminino, em 1894, Nettie Honeyball, um ativista dos direitos da mulher, fundou o primeiro clube desportivo britânico denominado Ladies Football Club.

11.2.1. A INFLUÊNCIA DA 1ª GUERRA MUNDIAL NA ORGANIZAÇÃO E EXPANSÃO DO FUTEBOL FEMININO

A Primeira Guerra Mundial, de 1914 a 1918, foi determinante para a expansão do futebol feminino na Inglaterra. Assim como a indústria fora importante para a expansão do futebol masculino, também para as mulheres foi um fator preponderante, pois os homens, ao irem para o campo de batalha, cederam lugar para as mulheres nas indústrias. Muitas fábricas tiveram suas próprias equipes de futebol que até então eram privilégio de homens.

11.3. HISTÓRICO DO FUTEBOL FEMININO NO BRASIL

Como já vimos no capítulo 1, o início da prática do futebol no Brasil ocorreu dentro dos clubes frequentados pela elite da sociedade.

A história do futebol feminino, porém, mostra-se inversa à do masculino. As mulheres que primeiramente praticaram o futebol no Brasil pertenceram às classes desfavorecidas, fato desaprovado pela elite social, como Bruhns coloca:

> *[...] razão pela qual as atletas apresentarem comportamentos bastante parecidos com os de seus colegas homens, recebendo julgamentos como "falta de classe", "mau cheiro", "povo grosseiro" e outras denominações atribuídas àquela camada da população duplamente marginalizada [...].* (BRUHNS, 2000)

11.3.1. O 1° JOGO E O PRECONCEITO

Existem algumas versões sobre a prática do futebol feminino no Brasil. Um das mais defendidas é que a primeira partida de futebol feminino foi realizada em 1921, entre as equipes das senhoritas catarinenses e tremembeenses, em São Paulo.

Em um período em que o esporte estava restrito aos clubes elitizados, com a prática apenas dos homens, o que pensar de ele ser praticado por mulheres pobres?

As famílias conservadoras foram frontalmente contrárias, gerando a criação de um decreto-lei do Estado Novo.

11.3.2. A PROIBIÇÃO

O Decreto-lei 3.199, que em abril de 1941 instituiu o Conselho Nacional de Desportos (CND), afirmava em seu artigo 54 que "às mulheres não se permitirá a prática de desportos incompatíveis com as condições de sua natureza..."

Se não bastasse a proibição para "proteger" a "natureza feminina", a lei ainda deixava a critério do CND a definição de quais esportes elas poderiam praticar.

Às mulheres cabiam apenas a prática do tênis, voleibol, críquete, natação e ciclismo; estes dois últimos, desde que "praticados moderadamente", conforme ressalvava o documento. Observa-se que os esportes "liberados" para a prática feminina eram todos característicos da elite, sem acessibilidade por parte das mulheres pobres dos subúrbios.

11.3.3. O ARAGUARI ATLÉTICO CLUBE

Mesmo com a proibição, no final da década de 50, mais precisamente em 1958, na cidade de Araguari – MG, surge o Araguari Atlético Clube, time de futebol famoso de Araguari, composto por jovens moças da sociedade.

O sucesso da equipe rapidamente se espalhou e, em 1965, durante o início da ditadura militar no Brasil, um novo e duro golpe foi aplicado no futebol feminino: através da resolução número 7/65 do CND – Conselho Nacional de Desportos – foi proibida a prática do futebol feminino no Brasil, entre outros esportes.

Levou tempo para mudar essa situação e a decisão só foi revogada em 1981.

11.3.4. O APARECIMENTO DOS CLUBES NO FUTEBOL FEMININO

Após a liberação por parte do CND, algumas equipes e ligas foram sendo criadas pelo Brasil. Entre as quais se destacaram a equipe carioca do EC Radar em 1982 e o Saad de São Paulo em 1984. Era o início da rivalidade entre Rio e São Paulo também no futebol feminino.

Por falta de investimentos, em1988, o Radar foi perdendo forças até sair do cenário junto com outros tantos clubes femininos.

11.3.5. A 1ª CONVOCAÇÃO DA SELEÇÃO BRASILEIRA DE FUTEBOL FEMININO

Em 1988, a CBF convocou "oficialmente" pela primeira vez a Seleção feminina. A prática restringia-se a poucas equipes do Rio de Janeiro, cabendo à equipe do Radar ceder 16 das 18 jogadoras convocadas.

11.4. AS PRINCIPAIS COMPETIÇÕES INTERNACIONAIS

Em 1991, a FIFA organizou o primeiro campeonato mundial (Copa do Mundo Feminino), realizado na China.

FIFA

Em 1996, a categoria foi incluída nas Olimpíadas de Atlanta/EUA.

11.4.1. A COPA DO MUNDO DE FUTEBOL FEMININO

É a competição mais importante no futebol internacional para mulheres. Organizado pela FIFA, o torneio da Copa do Mundo foi realizado pela primeira vez em 1991, nos EUA. O torneio reúne 16 seleções femininas a cada quatro anos, para competir pelo campeonato mundial.

RESULTADOS DAS COPAS DO MUNDO DE FUTEBOL FEMININO

1991, na China: 1º – EUA
2º – Noruega
3º – Suécia
4º – Alemanha
9º – Brasil

1995, na Suécia: 1º – Noruega
2º – Alemanha
3º – EUA
4º – China
9º – Brasil

1999, nos EUA: 1º – EUA
2º – China
3º – Brasil
4º – Noruega

2003, na China: 1º – Alemanha
2º – Brasil
3º – EUA
4º – Noruega

2007, na China: 1º – Alemanha
2º – Brasil
3º – EUA
4º – Noruega

Em 2011, a Copa do Mundo será disputada na Alemanha.

COMPARAÇÃO DOS RESULTADOS COM O FUTEBOL MASCULINO EM COPAS DO MUNDO

Sem nenhum tipo de interesse que não seja a curiosidade, ao compararmos os resultados obtidos pelos homens e pelas mulheres nas cinco primeiras disputas da Copa do Mundo percebemos que elas estão trilhando o caminho para obter o mesmo sucesso já alcançado por eles; vejamos os resultados da seleção masculina:

Seleção brasileira de futebol masculino	
Ano	**Colocação**
1930	6º
1934	14º
1938	3º
1950	2º
1954	6º
1958	1º
1962	1º
1966	desclassificada na 1ª fase
1970	1º
1974	4º
1978	3º
1982	5º
1986	5º
1990	9º
1994	1º
1998	2º
2002	1º
2006	5º
2010	6º

Na sexta edição da Copa do mundo o Brasil conquistou seu primeiro título mundial, em 1958, na Suécia.

Estaria também reservada à seleção feminina a mesma glória? A sexta edição da Copa do mundo de futebol feminino será realizada em 2011, na Alemanha.

11.4.2. FUTEBOL FEMININO NAS OLIMPÍADAS

Em 1996, O Comitê Olímpico Internacional (COI) colocou o futebol feminino no programa olímpico. A modalidade teve grande aceitação por parte do público, lotando os estádios onde são realizados os jogos.

Futebol feminino nas Olimpíadas					
Ano	**Sede**	**Ouro**	**Prata**	**Bronze**	
1996	Atlanta	EUA	China	Noruega	Brasil – 4º
2000	Sydney	Noruega	EUA	Alemanha	Brasil – 4º
2004	Atenas	EUA	Brasil	Alemanha	
2008	Pequim	EUA	Brasil	Alemanha	

COMPARAÇÃO DOS RESULTADOS COM O FUTEBOL MASCULINO NAS OLIMPÍADAS

A comparação mostra que as mulheres têm obtido melhores resultados do que os homens, fruto alegado por muitos da limitação em relação à idade dos homens que compõem a equipe masculina. Se olharmos mais atentamente, percebemos que talvez esta não seja a única explicação: a preparação das equipes femininas tem sido realizada de maneira mais planejada, isto para não falarmos na vontade com que disputam as partidas.

Melhores colocações obtidas pela Seleção Masculina	
Colocação	**Ano(s)**
2º	1984 e 1988
3º	1996 e 2008
4º	1976

11.5. CRIAÇÃO DA COPA DO BRASIL DE FUTEBOL FEMININO

Os jogos pan-americanos de 2007 realizados no Rio de Janeiro não deram apenas o título de campeão de futebol feminino ao Brasil. A dedicação e técnica demonstradas pelas atletas brasileiras geraram uma forte cobrança por parte da mídia, das jogadoras e da sociedade, que lotou o estádio do Maracanã em todos os jogos do Brasil, para que, o mais rápido possível, fossem organizados torneios para incentivar a prática do futebol feminino e dessem condições para que nossas atletas permanecessem no país. O ministro do esporte, Orlando Silva, se comprometeu a criar a Liga Nacional de Futebol Feminino.

Enquanto no Brasil, somente em 2007 foi organizado o primeiro torneio nacional, na Alemanha ele já ocorre desde 1974, na Itália desde 1968, na Inglaterra desde 1993, na Espanha desde 1984 e na Argentina desde 1991.

A Copa Brasil de Futebol Feminino de 2007, primeira e única competição em âmbito nacional organizada pela Confederação Brasileira de Futebol CBF, contou com a participação de 32 equipes. O torneio foi disputado em sistema de "mata-mata" (confronto entre duas equipes, com a realização de dois jogos, um em cada sede), nos moldes do masculino.

O torneio foi realizado de outubro a dezembro de 2007, logo após o Pan-americano, e a equipe do Mato Grosso do Sul/Saad foi a campeã, ficando a equipe do Botucatu com a 2ª colocação.

Em 2008 e 2009, respectivamente, foram disputadas a 2ª e a 3ª edição do torneio. O Santos foi o grande campeão da Copa do Brasil de Futebol Feminino de 2008 e de 2009. Em 2008 venceu o Sport Recife nos dois jogos realizados, 3 a 1 em Recife e 3 a 0 em Santos; em 2009 venceu a equipe de Botucatu na final.

11.6. CRIAÇÃO DA COPA LIBERTADORES DA AMÉRICA DE FUTEBOL FEMININO

A Conmebol (Confederação Sul-americana de Futebol) realizou no dia 03/07/2009, no Paraguai, uma reunião que confirma a realização do torneio mais importante da América agora para o futebol feminino, a Copa Libertadores da América.

A competição foi realizada entre 6 e 18 de outubro aqui no Brasil, nas cidades de Santos e Jaguariúna (ambas no estado de São Paulo).

O torneio foi disputado contando com a participação de 10 clubes, cada um de um país.

O Santos, por ter se sagrado campeão da Copa do Brasil de 2008, foi o representante brasileiro.

Os clubes foram divididos em duas chaves (Santos e Jaguariúna), cada uma com cinco times, as duas melhores equipes de cada grupo se classificam para as semifinais que foram disputadas em Santos, mesmo local em que ocorreu a grande final.

O Santos Futebol Clube sagrou-se campeão ao vencer a equipe paraguaia do Universidad Autónoma, por 9x0.

O destaque foi a jogadora Marta, que veio dos Estados Unidos para participar do torneio jogando pela equipe santista.

Marta Vieira da Silva nasceu em Dois Riachos – Alagoas, em 19 de fevereiro de 1986. Conquistou com a Seleção Brasileira de Futebol

Feminino a medalha de ouro nos Jogos Pan-americanos de 2003 e 2007 e a medalha de prata nas Olimpíadas de Atenas 2004 e Pequim-2008, foi vice-campeã mundial em 2003 e 2007. Foi eleita pela FIFA a melhor jogadora do mundo de 2006, 2007, 2008 e 2009.

Na Europa, o torneio feminino entre equipes de países filiados a UEFA (União Europeia de Futebol Associados) já ocorre desde o ano 2000. Numa reunião que decorreu em Paris, a 23 de maio de 2000, o Comitê Executivo da UEFA aceitou a proposta de realizar uma competição europeia feminina de clubes, surgindo, assim, a versão feminina da Taça UEFA.

Todas estas conquistas em tão curto espaço de tempo ratificam a capacidade das mulheres brasileiras para "jogar bola", lutando contra o preconceito e a discriminação da sociedade; o descaso, a falta de estrutura e de apoio de órgãos governamentais (Ministério do Esporte) e desportivos (CBF), que já ocorria desde o início da prática do futebol feminino no país.

Podemos perceber que basta organizar e melhorar as condições oferecidas que o futebol feminino pode se tornar, assim como o futebol masculino, uma potência mundial.

12 O futsal feminino

12.1. HISTÓRICO DO FUTSAL FEMININO NO BRASIL

Como já vimos no capítulo anterior, o Conselho Nacional de Desportos (CND) oficializou em 08/01/1983 a prática de futebol e de futsal para mulheres. A partir desta data, vários campeonatos começaram a surgir no país.

A prática do futebol de salão feminino foi autorizada pela Federação Internacional de Futebol de Salão (FIFUSA) em 23 de abril de 1983.

12.2. A EXPANSÃO DO FUTSAL FEMININO

A expansão do futsal feminino deu-se por algumas razões, além de incentivar a prática da modalidade por parte das mulheres, havia também um outro interesse principal: a necessidade de expandir a prática do futsal feminino no Brasil e no mundo, aumentando o número de praticantes também no feminino para incluir a modalidade nas olimpíadas.

Para a evolução do futsal feminino era necessário criar competições oficiais, o próprio futebol masculino já havia comprovado na Inglaterra, no final do século XIX, quando a competição fora de suma importância para sua evolução, em que torneios passaram a ocorrer entre as escolas inglesas e, posteriormente, entre estudantes e operários ingleses.

Partindo deste pressuposto, foi organizado a I Taça Brasil de Clubes pela CBFS (Confederação Brasileira de Futsal), o primeiro campeonato oficial, realizada em Mairinque-SP em janeiro de 1992 contando com 10 equipes indicadas por suas respectivas federações.

Com a criação da Taça Brasil de Clubes, os estaduais começaram a ser organizados em quase todos os estados a partir de 1992, sendo que os campeões de cada estado garantiam vaga para a Taça Brasil do ano seguinte.

A Taça Brasil adulto movimenta todo o Brasil, possuindo hoje eliminatórias com 25 equipes em todas as regiões.

Campeonatos são organizados dentro e fora do país, entre os quais se destacam:

- **Taça Brasil de Clubes:** Em 2010 completou a 19ª edição, auxiliou a formar pela primeira vez uma Seleção Brasileira do gênero – mais precisamente em 07/12/2001, em um jogo amistoso com o Paraguai, em Londrina (PR).
- **Campeonato Brasileiro de Seleções:** Promoveu-se, em 2002, o I Campeonato Brasileiro de Seleções, com São Paulo sagrando-se campeão. Em 2004 e 2006 foram realizadas as 2ª e 3ª edições, com São Paulo tornando-se bi e tricampeão, respectivamente.
- **Sul Americano de Seleções:** Com o advento da Seleção Brasileira da categoria principal, a Confederação Brasileira de Futsal (CBFS) demonstra o seu interesse em fomentar intercâmbios internacionais. Para tanto, programou, para 2005, o primeiro Sul-americano de Seleções que foi disputado em Barueri-SP, com

o Brasil sagrando-se campeão. O 2º Campeonato Sul-Americano de Futsal Feminino ocorreu em 2007, em Guayaquil, no Equador. A competição foi disputada por sete países: Argentina, Brasil, Equador, Venezuela, Uruguai, Peru e Colômbia. O título foi decidido por brasileiras e colombianas. A equipe verde-amarela se impôs, embora tenha saído em desvantagem no marcador, as brasileiras viraram o placar e faturaram o bicampeonato ao vencer a final por 6 a 1. A terceira edição da competição continental ocorreu em Campinas (SP), entre os dias 3 e 7 de setembro de 2009. O Ginásio da Unicamp recebeu os sete países participantes, com o Brasil conquistando o tricampeonato.

- Na Europa é disputada a **Eurocopa de Futsal Feminino**, com destaque para as equipes da Itália, Espanha e Rússia.

12.3. O APOIO DA CBFS NA BASE

Já citamos, no capítulo anterior, a pesquisa realizada em Londrina que constatou ser na escola a iniciação da prática do futsal por parte das meninas.

As meninas que se destacam na escola devem ser direcionadas aos clubes para um treinamento mais específico. Para que não ficasse restrito às competições escolares, a Confederação Brasileira de Futsal (CBFS) organiza desde 2004 a competição na categoria sub-15, incentivando atletas e clubes na modalidade.

Detalhes importantes foram acrescidos, proporcionando um ambiente em que sejam respeitadas as características físico-motoras e emocionais das meninas:

- A arbitragem da competição será feita somente por mulheres do quadro nacional da CBFS, acostumadas ao ritmo das competições adultas.

- O tempo de jogo também é diferente, sendo no sub-15, dois tempos de 15 minutos cronometrados (o tempo para quando a bola sai), diferente das categorias superiores, onde são dois tempos de 20 minutos.

12.4. AS DIFERENÇAS NA ORGANIZAÇÃO DO FUTEBOL E DO FUTSAL FEMININO

Como pudemos perceber durante a leitura dos capítulos 10 e 11, as mulheres brasileiras têm grande aptidão para a prática do "jogo com a bola nos pés", pois tanto no futebol, como no futsal, os resultados obtidos comprovam sua competência.

Entretanto, quando comparamos a organização entre o futebol e o futsal feminino, verificamos a enorme diferença ao tratamento dado pela CBF ao futebol feminino e pela CBFS ao futsal feminino.

No futsal há planejamento e cuidados que vão desde a criação de torneios internos para os clubes, nas suas variadas categorias, até a preparação cuidadosamente planejada da seleção brasileira de futsal feminino; no futebol feminino, a CBF faz apenas o mínimo, muito mais para "dar alguma satisfação" às cobranças do que efetivamente por estar preocupada com os rumos da modalidade e de nossas atletas.

Segundo Santana, 2007, várias são as razões para que isso ocorra, entre outras:

- *o futebol feminino não desperta grande interesse da mídia, comparado ao futebol masculino;*
- *a falta de investimentos de empresas privadas;*
- *são poucos os grandes clubes do país que mantém equipes de futebol feminino.*

O autor aponta ainda algumas outras ações que incentivam o futsal feminino:

> *[...] há um departamento de futsal feminino na CBFS; há uma Liga de futsal feminino; há uma seleção brasileira de futsal feminino, que há pouco tempo esteve na Espanha para alguns amistosos; há campeonatos brasileiros de seleções e de clubes na categoria principal e nas de base; disputou-se, no Brasil, em 2005, um Sul-americano de seleções.*
>
> *Em decorrência disso, encontramos, independentemente da localidade, profissionais ligados e alunos interessados no futsal feminino e, evidentemente, mais meninas se iniciando no futsal. É ótimo constatar um esporte culturalmente destinado aos homens praticado por mulheres.*

Bibliografia

ALBUQUERQUE, Clara. **A Linha da Bola: tudo o que as mulheres precisam saber sobre futebol e os homens nunca souberam explicar**. Rio de Janeiro: Editora Gryphus, 2007.

ARAGÃO, Claudio. **A História da Seleção Brasileira em Cordel**. Rio de Janeiro: Editora Bom Texto, 2002.

BOCK, Ana. **Psicologias: uma introdução ao estudo de psicologia**. São Paulo: Saraiva, 2002.

BRACHT, Valter. **Sociologia Crítica do Esporte: uma introdução**. Ijuí, RS: Editora Unijuí, 2003.

BRASIL, Ministério da Educação e do Desporto. **Lei 9.394/96**, de 20 de dezembro de 1996. Estabelece as diretrizes e bases da educação nacional.

BRASIL, Secretaria de Educação Fundamental. **Parâmetros Curriculares Nacionais: Educação Física**. Brasília: MEC/SEF, 1997.

BRUHNS, Heloisa Turini. **Futebol, Carnaval e Capoeira: entre as gingas do corpo brasileiro**.Campinas: Editora Papirus, 2000.

CAPINUSSÚ, José Maurício. **Comunicação e Transgressão no Esporte**. São Paulo: IBRASA, 1997.

CAVALLARI, Vinicius Ricardo; ZACHARIAS, Vany. **Trabalhando com Recreação**. 9ª ed. São Paulo: Editora Ícone, 2007.

CHAVES, Lincoln. **Das Quadras para os Campos**. Disponível em www.olheiros.net/artigo/ler/1233.

COLL SALVADOR, César. **Psicologia da Educação**. Porto Alegre: Artes Médicas, 1999.

DAVIS, Claudia; OLIVEIRA, Zilma de. **Psicologia na Educação**. São Paulo: Cortez, 1994.

FONSECA, Gerard Maurício Martins; SILVA, Mauro Amâncio. **Jogos de Futsal: da aprendizagem ao treinamento**. Caxias do Sul: EDUCS, 2002.

FREIRE, Elizabete dos S.; VERENGUER, Rita de C. G. Educação Física: pensando a profissão e a preparação profissional. **Revista Mackenzie de Educação Física e Esportes**, nº 1 (1), p. 39-46, 2002.

FREIRE, João Batista. **Pedagogia do Futebol**. 2ª ed. Campinas: Autores Associados, 2006.

GALLAHUE, David L.; OZMUN, John C. **Compreendendo o Desenvolvimento Motor**. São Paulo: Editora Phorte, 2005.

LUCENA, Ricardo. **Futsal e a Iniciação.** Rio de Janeiro: Editora Sprint, 1994.

MUTTI, D. **Futsal – Futebol de Salão – artes e segredos.** São Paulo: Editora Emus, 1994.

ONU. **Declaração Universal dos Direitos do Homem**, aprovada pela ONU, em 1948.

RIBEIRO, André; GÓES, Denise; MOTTA, Laís Duarte. **Uma Ponte para o Futuro.** SAPESP (organização). Rio de Janeiro: Editora Gryphus, 2007.

SAAD, Michel Angillo; COSTA, Claiton Frazzon. **Futsal: movimentações defensivas e ofensivas**. 2ª ed. Florianópolis: Visual Books, 2005.

SANTANA, Wilton Carlos. **A expansão do futsal feminino**. Abril/2007. Disponível em: <www.pedagogiadofutsal.com.br/editorial_023.asp>. Acesso: setembro 2009.

SANTANA, Wilton Carlos; REIS, Heloisa Helena Baldy dos. Futsal Feminino: perfil e implicações pedagógicas. **Revista Brasileira de Ciência e Movimento**, v. 11, nº 4m, p. 45-50. Disponível em: <http://www.pedagogiadofutsal.com.br/artigo_004.asp>. Acesso: setembro 2009.

VOSER, Rogério da Cunha. **Futsal: princípios técnicos e táticos**. 2ª ed. Canoas: ULBRA, 2003.

VOSER, Rogério da Cunha. **Iniciação ao Futsal – abordagem recreativa**. 3ª ed. Canoas: ULBRA, 2004.

VOSER, Rogério da Cunha; GIUSTI, João Gilberto. **O Futsal e a Escola – uma perspectiva pedagógica**. Porto Alegre: Editora Artmed, 2002.